▶ liberté

Revue littéraire de création et de critique

Fondée en 1959 par Jean-Guy Pilon.

Conseil des Arts
du Canada

Conseil des arts
et des lettres
Québec ☐☐ ☐☐

Canadä

CONSEIL DES ARTS
DE MONTRÉAL

 érudit

La revue *Liberté* reçoit des subventions du Conseil des arts et des lettres du Québec, du Conseil des Arts du Canada, du Conseil des arts de Montréal et du Patrimoine canadien.

Nous reconnaissons l'aide financière accordée par le gouvernement du Canada pour nos coûts d'envoi postal et nos coûts rédactionnels par l'entremise du Programme d'aide aux publications et du Fonds du Canada pour les magazines.

DISTRIBUTION AU CANADA
Diffusion Dimédia, 539, boul. Lebeau, Saint-Laurent (Qc) H4N 1S2
TÉLÉPHONE 514 336-3941 / TÉLÉCOPIEUR 514 331-3916

Envoi de publication, enregistrement n° 0348

DÉPÔT LÉGAL Bibliothèque nationale du Québec ; *Liberté* est répertoriée dans l'index de périodiques canadiens et dans REPÈRE ; ISSN 0024-2020 ; ISBN 978-2-923675-14-5. *Liberté* est disponible sur microfilms ; s'adresser à : University Microfilms International, 300 N. Zeeb Road, Ann Harbor, Michigan 48106 USA. *Liberté* est membre de la SODEP (www.sodep.qc.ca).

Imprimé au Canada

SOMMAIRE

Janvier 2012 / n° 294 / Volume 53 / Numéro 2

HOMMAGE À JEAN-PIERRE ISSENHUTH

PRÉSENTATION

Vous l'aurez peut-être remarqué : le *Liberté* que vous tenez entre vos mains est un peu plus mince que d'habitude. Nous sommes les premiers à nous en désoler. Mais la disparition, en 2009, du Programme canadien d'aide aux revues littéraires et artistiques à petit tirage nous impose, pour le moment, un régime minceur. Sacrifier le nombre de pages plutôt que de fragiliser plus avant les conditions précaires dans lesquelles nous travaillons nous est ainsi apparu la moins mauvaise des solutions.

La situation ne manque pas d'être paradoxale, car *Liberté*, depuis quelques années, a le vent dans les voiles. Les événements qui ont entouré notre 50e anniversaire — nos quatre numéros spéciaux, le cabaret à la Sala Rossa et sa reprise dans le cadre du Festival international de la littérature (FIL), l'exposition à la Grande Bibliothèque — nous ont permis d'augmenter l'ensemble de nos ventes de vingt pour cent. Notre anthologie, *L'écrivain dans la cité*, publiée au Quartanier, a été un succès critique dont le premier tirage s'est écoulé en quelques mois et, bon an mal an, la plupart de nos numéros trouvent un écho dans les médias écrits et électroniques, preuve, semble-t-il, que nous ne prêchons pas dans le désert.

Comme nous préparons en ce moment, pour l'automne prochain, une grande refonte graphique de la revue, qui inclura de nouvelles chroniques, une section critique et l'arrivée de nouveaux collaborateurs réguliers (chut ! je ne vous en dis pas plus pour l'instant), vous comprendrez, je l'espère, que nous devions grappiller à gauche, à droite afin d'aller de l'avant.

En attendant, ce n'est pas sans une certaine émotion que nous vous présentons dans les pages qui suivent un hommage à Jean-Pierre Issenhuth qui nous a quittés en juin 2011. Personnage discret, critique tonique, poète et écrivain nous enjoignant avec prudence et ironie à sans cesse relire le monde, M. Issenhuth a été membre du comité de *Liberté* de 1987 à 2000. Son œuvre est encore malheureusement confidentielle. Nous espérons que les divers textes de ce numéro vous inciteront à plonger dans les pages exceptionnelles que cet homme a écrites.

Bonne lecture.

Pierre Lefebvre

JEAN-FRANÇOIS BOURGEAULT

PORTRAIT DE JEAN-PIERRE ISSENHUTH

Entretien avec Yvon Rivard et François Hébert

Le 28 août 2011, À *contre-temps*, l'émission de la revue *Contre-jour* sur Radio Spirale, était consacrée à Jean-Pierre Issenhuth. Nous en proposons ici un extrait. Nous ne saurions cependant trop vous inciter à écouter cet entretien dans son entièreté. Pour ce faire, il suffit de vous rendre à http ://radiospirale.org/capsule/portrait-de-jean-pierre-issenhuth.

Jean-François Bourgeault — Vous qui avez bien connu Jean-Pierre Issenhuth, j'aimerais, pour commencer, que vous me parliez de votre première rencontre avec lui.

Yvon Rivard — Je n'ai plus souvenir de l'année exacte, mais Guy Lafond m'a un jour raconté que Rina Lasnier lui avait parlé d'un jeune poète très intéressant. Il m'a encouragé à lire ses poèmes, que j'ai ensuite fait lire à François. C'est à la suite de cela que nous l'avons fait entrer à *Liberté*.

François Hébert — Tu affirmes qu'Yvon et moi avons bien connu Issenhuth ; cela ne veut pas dire grand-chose, car ce n'était pas quelqu'un qui se révélait facilement. Il était simple, très chaleureux, très généreux, mais il était aussi très mystérieux et assez difficile à prévoir, en quelque sorte, que ce soit dans ses goûts, dans ses choix, ses passions, ou ses petites colères aussi.

Y. R. — C'était un solitaire. Je l'appelais « le Thoreau de Laval-Ouest » et, si ça trouve, il était encore plus solitaire que Thoreau. Thoreau ne voyait pas beaucoup de monde, mais Jean-Pierre encore moins.

F. H. — En fait, je crois qu'il voyait beaucoup de gens, mais de façon discrète. Lorsqu'il était à *Liberté*, par exemple, il tenait beaucoup à suivre les jeunes poètes et il fouillait beaucoup les petites revues, de collèges au besoin, pour y découvrir de nouvelles voix. Il venait ensuite nous les présenter, modestement, en nous disant : il y a peut-être une piste là. C'était un détecteur de talents et, en ce sens, il n'était pas si solitaire. Il faut aussi ajouter à cela son travail, qui était un immense pan de sa vie. Il a été professeur, d'abord, à la Commission des écoles catholiques de la ville de Montréal, ce qui l'amenait à fréquenter beaucoup de monde. Il a ensuite été orienteur, puis conseiller pédagogique. Il avait ainsi tous les cas difficiles à régler, et ce, dans une école de l'est de la ville qui était déjà fort difficile.

Y. R. — J'imagine bien qu'après une journée de travail dans une école à problèmes de Hochelaga-Maisonneuve, il devait, en effet, avoir envie de se concentrer sur son jardin, ses carnets, ses lectures. Je n'oserais pas dire qu'il était misanthrope, mais il est certain que sa préférence allait à la nature avant tout. Dans son carnet à paraître [1], par exemple, il raconte un voyage qu'il a fait sur la Côte-Nord et, au moment où il vient de dépasser Baie-Comeau, il affirme : « Le vrai cœur du Québec est ici, les régions moins éloignées et plus peuplées sont des prolongements décoratifs. » Cela dit tout.

F. H. — Son rapport avec la nature était effectivement un des grands aspects de sa personnalité.

Y. R. — Si on aborde son rapport à la nature, à l'espace, on va tout

---

1. Jean-Pierre Issenhuth, *La géométrie des ombres*, Montréal, Boréal, coll. « Liberté grande », 2012. Vous trouverez un extrait de *La géométrie des ombres* dans cette revue, à la page 40.

de suite déboucher sur la relation qu'il a entretenue, à la fin de sa vie, avec la science, et ce, au détriment, un peu, de la poésie et de la littérature. Il y a pourtant une sorte de boucle dans sa fascination pour la science : Jean-Pierre, il ne faut pas l'oublier, venait de la terre et la science était pour lui un moyen d'y retourner. Plus de la moitié des lectures qu'il a faites au cours des quinze dernières années de sa vie étaient consacrées à la physique contemporaine. Cette fascination prolongeait celle du jardinier qui souhaitait connaître mieux les sols afin d'en tirer les meilleurs légumes, les meilleurs fruits. Cela était également lié à ses interrogations sur l'espace, mais aussi à la littérature. Quand il lisait, son critère pour définir si une œuvre était bonne ou non, ce n'était pas sa capacité à imiter le réel, mais sa capacité d'invention et de précision, qu'il semblait observer, aussi, dans cette grande machine qu'est l'univers. Il y a là quelque chose de fondamental chez lui, et qui était à la base de sa pensée, de sa démarche, de sa vie.

J.-F. B. — C'est là une chose qu'on retrouve dans ses carnets. Ce qui le fascinait dans les sciences, dans les mathématiques, dans la physique, ce sont les concepts de suffisance et de nécessité. Ce n'est d'ailleurs pas étonnant si les critiques dévastatrices qu'on retrouve dans *Le petit banc de bois* [2] s'en prennent aux poètes qui s'épanchent tout en n'ayant pas les moyens de cette surabondance.

Y. R. — Je suis content que tu évoques *Le petit banc de bois*. C'est un livre absolument incroyable, de même que fondamental pour connaître Issenhuth. On y entre très précisément dans sa bibliothèque, surtout poétique, et là, on voit, à la trace, ce qu'il aimait et pourquoi, ce qu'il n'aimait pas et pourquoi. Si j'enseignais encore aujourd'hui et que je donnais un cours sur la poésie, je mettrais à coup sûr ce livre au programme. Ce qui y est exemplaire, c'est qu'on y découvre pleinement ce qu'est la poétique de Jean-Pierre. Et celle-ci tient en peu de mots : précision, sobriété, concrétude, accent de vérité, force d'évocation. Tout ce qui ne correspondait pas à cela était frappé de ses foudres ou complètement ignoré.

F. H. — C'est tout à fait juste. J'ai d'ailleurs toujours trouvé paradoxal qu'il ait eu cette relation amicale avec Rina Lasnier, qui n'était

2. Jean-Pierre Issenhuth, *Le petit banc de bois : Lectures libres 1985-1999*, Montréal, Trait d'Union, coll. « Échappées », 2003, 444 p.

en rien un exemple de sobriété ou de concision et qui demeure, somme toute, un poète assez expansif. Je sais que Jean-Pierre s'est par moments interrogé sur ce contraste entre elle et lui... Ce qui est amusant, c'est que ce fameux petit banc de bois qui donne son titre à ce recueil d'articles et de recensions, c'est le banc de bois sur lequel Rina Lasnier allait s'asseoir pour méditer. Et on retrouve là tout Jean-Pierre : le bois, qui était important pour lui, l'adjectif « petit », qui renvoie à sa modestie, à sa discrétion, et puis le banc, c'est-à-dire la station, le calme, la méditation ; cette précision chirurgicale dans le regard porté sur un poème, un texte, un comportement. Comme lecteur, vraiment, rien ne lui échappait. Et s'il était un critique sévère, il était également généreux. Il avait ses têtes de Turcs, mais il n'attaquait tout de même pas tout le monde pour le plaisir de la chose. Par contre, quand il attaquait, il attaquait. Je crois qu'il faut bien souligner qu'au final il était exigeant envers les autres, car il l'était d'abord avec lui-même.

Y. R. — C'est d'ailleurs pour cela qu'il a très peu écrit. Il disait aussi qu'il ne pouvait supporter la littérature qui ne se nourrit que de littérature. Toute littérature qui n'avait pas pour but la connaissance du réel le laissait froid. La connaissance du réel, c'est un de ses grands thèmes. Le réel, c'est ce qu'on voit, mais c'est aussi le prolongement de ce qu'on voit. La littérature n'était donc pas pour lui un pur divertissement, mais une entreprise de connaissance du réel. D'ailleurs, les qualités que j'énumérais tantôt pourraient très bien être celles d'un homme de science. Écrire, pour lui, c'était une exigence de vérité, il ne faut jamais oublier cela.

F. H. — C'était aussi lié au mystère, à l'inquiétude, à l'ouverture constante, au doute. Il parlait souvent dans ses textes du « principe des certitudes ironiques ».

Y. R. — C'est ce qu'il aimait chez les hommes de science : ils sont toujours prêts à tout remettre en question à la suite d'une nouvelle observation. C'est une chose qu'il admirait énormément chez eux. Une fois une théorie énoncée, ils cherchent à la dépasser.

F. H. — Il y avait toujours chez lui une façon de moduler ses affirmations ; il finissait toujours par dire « je ne suis pas sûr », « c'est ce que je pense », « selon moi », « peut-être que je me trompe », mais il ne se trompait pas souvent !

Y. R. — Ça m'a toujours fait rire un peu. Je ne dis pas que c'était de la fausse modestie, mais c'était la modestie des gens qui savent beaucoup. C'est comme à l'égard des intellectuels, il n'est pas tendre envers eux. Il affirmait souvent, d'ailleurs : « je ne suis pas un intellectuel ». Et moi, je lui répondais : mais Jean-Pierre, tes carnets, tes articles, si ce n'est pas du travail d'intellectuel, qu'est-ce que c'est ? Il lisait environ quinze livres par semaine, il s'intéressait à tout...

J.-F. B. — Il fait une distinction dans *Le cinquième monde*. Il dit : je ne suis pas un intellectuel, j'ai des loisirs intellectuels.

Y. R. — C'est une coquetterie !

J.-F. B. — D'accord, pourtant, l'une des raisons pour lesquelles il n'aimait pas le milieu de la poésie québécoise, c'est qu'on y trouve des gens qui posent en poètes, c'est-à-dire qui trouvent normal d'avoir des subventions, d'être payés pour faire de la poésie, etc. Pour Jean-Pierre Issenhuth, la perspective même d'être un écrivain professionnel était une contradiction dans les termes. Ça ne peut pas être un métier, parce que c'est un surplus, c'est une grâce, dont personne n'a besoin, selon lui.

Y. R. — Il n'aimait pas les gens qui s'en faisaient un métier, mais il a aussi dit, et à plusieurs reprises : quelqu'un qui ne ferait que le métier de poète est sûr de mal le faire. Il faut faire quelque chose à côté de la poésie. Parce que si tu ne fais qu'écrire, tu vas perdre contact avec le réel, et si tu perds contact avec le réel, tout le reste n'est que littérature, comme dit Verlaine. C'est pour ça qu'il avait une véritable passion pour la terre, pour l'éducation aussi. Il adorait son jardin, de même que de s'occuper de ses élèves, c'était pour lui une façon de garder contact avec le réel. Son fameux Restaurant Lafleur dans l'est de Montréal participait à cela aussi. D'ailleurs, à l'entendre, il n'aurait jamais pu écrire ce qu'il a écrit s'il n'avait pas fréquenté ce lieu-là. Il y était près du « vrai » monde, près du réel...

F. H. — Avec sa serveuse Jackie...

Y. R. — Et on sentait que ça l'enracinait.

F. H. — Gilles Cyr et moi y sommes allés le surprendre là, un matin, vers cinq heures...

Y. R. — Il avait quand même son réseau. On a beau dire qu'il était méchant avec beaucoup de gens, il a très bien écrit sur les gens qu'il aimait. Gilles Cyr est un parfait exemple de poète qu'il appréciait. Il le dit dans sa préface au *Petit banc de bois* : comme critique, sa force et sa faiblesse, c'est qu'il n'était pas très réceptif. Il fallait qu'on le convainque que c'était bon. Il y avait donc une espèce de combat avec l'auteur. Quand l'auteur avait la chance de gagner ce combat, il était accepté pour toujours. On peut penser à Gilles Cyr, donc, Jean-Marc Fréchette, Jacques Brault, Robert Melançon.

F. H. — J'ai réussi à le corrompre une fois en l'emmenant dans un colloque sur Jacques Brault à l'Université de Sherbrooke, pour lequel il avait fait un texte très intéressant sur son rapport à la poésie et un poème de Jacques Brault. Je l'ai aussi traîné à un colloque sur Gaston Miron, où, là, il s'est débattu avec son rapport à Miron, avec lequel il n'avait pas tellement d'atomes crochus. Il le voyait comme quelqu'un d'un peu tonitruant, de bavard, un peu écrivain à la manière d'Alain Grandbois, mais il a tout de même continué à lire Miron pour y trouver, par exemple, des traces de Saint-Denys Garneau, comme s'il y avait eu une double tentation chez Miron : une tentation Grandbois, une tentation Garneau. Il s'est donc battu avec Miron jusqu'à y trouver quelque chose qui lui convenait un peu plus, quelque chose qui, enfin, lui parlait.

Y. R. — C'était vraiment sa façon de faire : il travaillait toujours sur un aspect très précis d'une œuvre. Je me souviens d'avoir entendu sa communication sur Jacques Brault à Sherbrooke ; il l'avait faite tout entière sur un seul poème. Elle durait vingt minutes, et il y avait travaillé quatre mois.

F. H. — Oui, il s'était penché sur «Nocturnes», afin d'y trouver un fil conducteur qui liait ce poème à deux autres poèmes semblables chez Jacques Brault. Il travaillait vraiment comme un géomètre.

Y. R. — Tout à fait. Ce n'est pas pour rien que je l'appelais le Thoreau de Laval-Ouest : Thoreau était arpenteur et il y avait quelque chose de cet ordre, également, chez Jean-Pierre. Il avait une façon de lire que je n'ai comprise que sur le tard. Je donne un exemple : je n'aime pas Thomas Bernhard que Jean-Pierre adorait. Un jour, je lui ai donc demandé de me convaincre d'aimer Bernhard. Par la suite, je reçois une lettre dans laquelle il me cite une phrase de Bernhard, une phrase qu'aurait pratiquement pu écrire Peter Handke, un de mes écrivains fétiches. Alors, bien sûr, j'étais admiratif. Wow ! C'est Thomas Bernhard qui a écrit ça ? Alors Jean-Pierre me répondait : « Oui, mais attention, il n'y en a pas beaucoup des comme ça ! »

F. H. — C'était sa façon de te convaincre.

Y. R. — Voilà. Il disait souvent que lorsqu'il trouvait une seule chose qu'il aimait dans un livre, ça suffisait pour que le livre ait rempli sa mission. Je reviens à l'homme de science qui cherche quelque chose. Chaque livre était pour lui une avancée dans sa quête du réel. Il lui suffisait de glaner un truc ici, un autre là. C'est comme ça qu'il aimait Houellebecq, ce qui a toujours été un grand mystère pour moi. Il affirmait que les gens qui prétendent que Houellebecq a un style « plate » n'y comprenaient rien : Houellebecq a le style des hommes de science. Il est dans la précision clinique. Pas d'enflures romantiques — Jean-Pierre n'aimait pas les romantiques, on le sait très bien. D'ailleurs, j'y ai goûté évidemment, moi qui le suis.

F. H. — C'était quelqu'un de très critique face à la société. Je crois que c'est ce qu'il aimait d'abord chez Houellebecq, mais chez Philippe Muray aussi. Il avait également un faible pour Guy Debord et un certain nombre de penseurs anarchistes sur les bords. À cet égard, s'il pouvait être gentil avec le Québec, mais pas tant que ça, on ne peut pas dire qu'il portait un grand amour à la France.

Y. R. — Il avait beaucoup de mal avec la France. Mais de tous les êtres que j'ai connus, y compris les Québécois, c'est le seul qui avait un tel amour du Québec, et même un amour quasi inconditionnel du Québec. Lorsqu'il était à *Liberté*, il nous faisait la leçon parce qu'on snobait notre patrimoine littéraire. Par exemple, on n'aurait jamais lu quelque chose comme *Jean Rivard, économiste* d'Antoine Gérin-

Lajoie, dont il a fait une préface[3]. De même avec Nelligan, qu'il a aussi préfacé[4]. Donc, ces auteurs, que nous on snobait un peu, lui, il les défendait : « Ce sont des auteurs très importants, pourquoi est-ce que vous ne les lisez pas ? »

F. H. — Je crois que c'est dû au fait qu'il adoptait par rapport à eux un point de vue astral, en quelque sorte. Il arrivait ainsi de loin avec quelque chose, au final, d'assez pointu sur Nelligan ou Jean Rivard. Il prenait ainsi trois, quatre poèmes chez Nelligan, trois, quatre détails chez Gérin-Lajoie, et il travaillait à partir de cela. *Jean Rivard, économiste*, c'est quand même long et, on s'entend, ce n'est pas si bon que ça...

Y. R. — Non, mais quand on lit sa préface, on se dit : mon doux, il me manque quelque chose, je dois absolument lire ça. J'ajouterais que son amour du Québec remontait à la Nouvelle-France. Je pense qu'il se mettait dans la peau de ces gens qui n'avaient rien. Il ne faut pas oublier que Jean-Pierre était très axé sur la paysannerie. Son grand rêve, il l'a déjà écrit, c'était d'avoir une ferme.

F. H. — Il en avait une, en quelque sorte, une petite ferme, à Fabreville ; il élevait des lapins en cachette de ses voisins ! C'était quelque chose, son petit domaine de Fabreville. On avait un peu l'impression de se trouver dans l'île de Robinson Crusoé : Jean-Pierre y était parti de zéro, que ce soit pour la construction de sa cabane ou l'élaboration de son potager. Et la cabane était très impressionnante, je peux en témoigner. Son potager aussi, d'ailleurs... Au fond, c'était un être végétal. J'aimerais vous lire d'ailleurs un de ses poèmes intitulé « La poésie », qui illustre bien la chose :

La poésie

Pour les astres chasseurs
Visiteurs de ton nid
Femme à la tour des voix
L'élan des fleurs élève

3. Antoine Gérin-Lajoie, *Jean Rivard, le défricheur* (suivi de *Jean Rivard, économiste*), préface de Jean-Pierrre Issenhuth, Montréal, Bibliothèque Québécoise, 1993, 461 p.
4. Émile Nelligan, *Des jours anciens*, poèmes choisis et présentés par Jean-Pierre Issenhuth, Paris, La Différence, coll. « Orphée », 1989, 127 p.

Son larcin à la terre
Le parfum de l'exil

On voit bien l'élévation, et le rythme, qui est la poésie. Et la poésie et la fleur, c'est la même chose. On voit que la poésie a triché, la poésie a volé quelque chose à la terre. Donc, il faudrait y retourner. En même temps, il y a «les astres chasseurs», cet appel du haut...

J.-F. B. — Mais jusqu'à quel point peut-on vraiment parler d'abandon de la poésie dans son cas? Car la science, chez lui, ne serait-elle pas la continuation de la poésie par d'autres moyens?

F. H. — J'ai une réponse rapide à cela, qu'il faudra certainement nuancer par la suite : tout s'en va dans toutes les directions dans son œuvre. Il y a ainsi, chez Issenhuth, une sorte de recherche du plus lointain, un désir d'aller chercher là-bas, là-bas quelque chose, afin de pouvoir tout rassembler. Or, la science aussi va chercher des choses au loin, et c'est ainsi une démarche quasiment poétique qu'il entame avec elle. On le voit, par exemple, quand il observe ses canards : ceux-ci se promènent à gauche, à droite, et Jean-Pierre trace la géométrie de leurs déplacements. Comme si les canards pouvaient de la sorte lui apprendre quelque chose sur la science, sur Dieu, sur la terre, sur lui-même, sur l'humanité. Le monde, ainsi, est métaphorique. Et si le monde entier est une métaphore, la poésie n'en est plus qu'une part congrue, finalement. C'est peut-être pour ça qu'il a abandonné la poésie, ou qu'il s'est dit : «Bof, ce n'est qu'une petite chose, la poésie, dans tout ça.»

AU FOND DU JARDIN

En écoutant *Les délices de la solitude*
de Michel Corrette et en relisant
Au fond du jardin de Jacques Brault

> C'est par les jardiniers que j'avais toujours été le plus attiré,
> leurs gestes étaient les gestes absolument nécessaires, apai-
> sants, toujours utiles, leur langage était le plus simple, le plus
> clair.
>
> THOMAS BERNHARD, *Extinction*[1]

Il a cultivé son œuvre au fond de son jardin. Une rangée de mots, de réflexions, de petites proses à côté des plants de tomates et de laitues, d'aubergines et de poivrons, des bignones, de l'althaea, de l'albizia et des tamaris en fleurs. Arrosées soir et matin, ces graines ont donné de précieux ouvrages, maculés dans certains cas de cette terre sablon-neuse des Landes où leur auteur est allé vivre dans les années 2000 et dont il n'a cessé de célébrer la fertilité, pour qui sait bien la nourrir de fumier de poule et l'arroser en période de canicule. C'est là, en

---

1. Cité par Jean-Pierre Issenhuth dans *Chemins de sable : Carnet 2007-2009*, Montréal, Fides, coll. « Carnets », 2010.

arrosant en écrivant, en bêchant en écrivant (pour paraphraser Julien Gracq), que ce journalier du verbe, plus paysan qu'homme de lettres, *fait campagne*, au sens propre. Il vit et écrit en osmose avec la terre. Son imagination, c'est un carré de jardin. D'autres peuvent partir au bout du monde en solitaire ; lui, il fait le tour de son enclos comme une Emily Dickinson, convoque vers de terre et canards, à qui il fait entendre la *Grande messe en ut mineur k 427* de Mozart et la musique de jeunesse de Bach. Sa poignante affection pour la terre, qui n'a d'égale que celle qu'il porte aux œuvres pour orgue de Bach et de Nicolas de Grigny, sa particulière tendresse pour l'infiniment petit donnent naissance aux carnets les moins poétiques et les plus terre à terre que l'on puisse imaginer. Dans *Chemins de sable*, le dernier opus qu'il nous a laissé de son vivant et dont le titre fait sûrement écho à *La poussière du chemin* de Jacques Brault, l'écriture est une matière, une glèbe pétrie, où se métissent les éléments les plus divers : «journal météorologique de l'esprit», dirait Annie Dillard, notes de lecture, réflexions sur la musique (les articulations de la fugue et l'art de la variation, par exemple), considérations sur le sol landais, les mœurs des animaux ou les mathématiques et la physique, auxquelles, à la fin de sa vie, il s'intéressait autant sinon plus qu'à la littérature. L'auteur travaillait ainsi, par fragments, par petits blocs de prose durs et compacts. Il note dans son carnet :

> Dans les lettres que je recevais de jeunes écrivains, j'ai été frappé par un point relativement commun, même si l'expression n'en était pas toujours claire : ils cherchaient à se faire une place dans la société, c'est-à-dire à être connus et reconnus, à se faire un nom dans le monde des lettres. N'ayant pas le souci d'une place dans la société, je ne pouvais pas être un allié sérieux de leurs aspirations. S'ils m'avaient dit : «Je suis animal, je veux me faire une place dans la nature», j'aurais été plus attentif, j'aurais mieux compris, et la compréhension m'aurait peut-être donné des idées et un début d'utilité.

«Devenu auteur (drôle de formule) sans avoir eu la volonté d'y parvenir», pour reprendre les mots d'Henri Thomas, Jean-Pierre Issenhuth fut un écrivain discret, un poète à ses débuts, un auteur de carnets par la suite, un lecteur de poésie qui, à la fin de sa vie, la délaisse au profit de la nature, de la science et de quelques auteurs, dont Thomas Bernhard et Michel Houellebecq, ce qui, dans le dernier cas, ne manque certes pas d'étonner. Critique décapant lorsqu'il signait des chroniques dans *Liberté* et qu'il dénonçait l'ineptie d'une époque qui s'ingénie à négliger ses éclaireurs et à choyer les chanoines d'une pseudo-modernité, ce jardinier n'est jamais vraiment sorti de son carré de terre ni n'a quitté son petit banc de bois. « Tant de gens soucieux de percer », soupirait Georges Hyvernaud. « Se faire un nom, voilà le projet qui ne m'a jamais tenté », ajoutait-il. Se faire un nom ? Ce fut là le moindre des soucis de Jean-Pierre Issenhuth. Héritier de Léautaud, qui s'est « toujours fichu de la réputation littéraire. C'est une fouterie sans nom », l'homme aux deux passions (l'enseignement et la terre), l'enseignant à la retraite, des rêveries plein ses poches crevées, jette sans cesse sur l'écrivain discret qu'il est (à l'exemple de Robert Marteau, frère d'écriture mort quelques jours avant lui), un de ces regards exigeants et malicieux qu'il devait porter autrefois sur ses élèves :

> L'image du cancre en est une qu'il affectionne, tout professeur qu'il est. L'image de celui qui ne fait pas ce qu'on attend, qui n'est jamais là où il faudrait et qui, de ce fait, surprend les choses que personne ne remarque. Devant les bons élèves, le monde se compose un masque de concepts, de lois, de systèmes, de démonstrations qui les fait parler à vide en croyant parler de lui. Le cancre, celui qui n'y connaît rien, a bien plus de chances d'y voir clair, et voyant clair, il vit vieux.

C'est en ces termes que, dans un numéro de *Liberté* consacré aux auteurs inconnus, peu connus ou méconnus, Jean-Pierre et Dominique Issenhuth parlaient d'André Dhôtel : « ... voyant clair, il vit vieux ». Ce ne fut pas le cas de Jean-Pierre. Mort trop jeune, mais tout de même clairvoyant, il n'aura cessé de pourfendre les postures et impostures, et se sera même défendu d'être un intellectuel : « Si on les laisse contrôler la vie, les "choses de l'esprit" sont une prison comme une autre, et je leur ai refusé d'enfermer la mienne », note-t-il dans *Chemins de sable*. « Le travail des intellectuels verbaux jouit d'une immunité complète. Un intellectuel verbal peut délirer sa vie durant ou donner à corps perdu dans l'insignifiance sans encourir la moindre sanction. » Et dans la première de ses *Deux passions*, il écrit que « la recherche littéraire pouvait ressembler à une agitation de poux dans les cheveux des écrivains » ! Si Jean-Pierre Issenhuth entretenait beaucoup de méfiance à l'égard des universitaires, des manieurs de grilles et de concepts, il aimait la lecture, le contact des livres : « La lecture va marquer ce carnet de bout en bout. Comment s'en étonner? J'entends dire depuis l'adolescence que j'en suis affligé comme d'une maladie incurable. La lecture est mon seul loisir.»

«On n'aime pas la littérature», écrivait Flaubert dans *Bouvard et Pécuchet*. Lui l'aimait tant, d'une passion exclusive, si idolâtre, si dévorante, si absolue que la moindre concession à une autre réalité, à une autre patrie, lui semblait trahison ou, pour le moins, désamour. Il haïssait de devoir écrire pour des lecteurs qui haïssaient, disait-il, la littérature. Depuis, le couplet sur la «haine de la littérature», dont se montrerait coupable la quasi-totalité de l'humanité ordinaire, est devenu un thème qu'agitent volontiers les écrivains. Comme s'il leur conférait une légitimité supplémentaire d'être mal-aimés. Dans ses carnets, Issenhuth glisse à quelques reprises sur ce poncif. Mais si le narrateur de *Premier amour* de Beckett disait de sa Lulu qu'«elle n'aurait jamais pu assez [l]e négliger», Issenhuth semblait croire aussi que l'on n'aurait jamais pu assez les négliger, lui et la littérature. Il ne répondait pas aux invitations littéraires — il l'écrit noir sur blanc dans «Chez les animaux», contenu dans *Rêveries*, et je le sais pour avoir tenté en vain de le «corrompre» à l'époque où je réalisais *Paysages littéraires* à la défunte Chaîne culturelle de Radio-Canada, chaîne qui souffrait d' «affadissement», selon lui, «depuis qu'elle [était] devenue culturelle». Il fuyait la compagnie des «gens-de-lettres», détestait la préciosité, l'écriture alambiquée, préférait les «essais ancrés dans la vie ordinaire» aux «écrits par des spécialistes sur leur spécialité». Cependant, comme Denis de Rougemont, il croyait en *l'utilité* des livres. Et il appartenait à l'espèce «en voie de disparition des *common readers*, dont parle Simon Leys, les simples lecteurs. [...] C'est-à-dire tous ceux qui, autour des livres, n'ont pas de comportements professionnels tels qu'expliquer, enseigner, étudier, commenter, éditer, vendre, analyser, critiquer, etc. »

Tout, dans l'écriture de cet homme d'un naturel réservé prouve qu'il était habité par la bonté, une qualité héritée de son grand-père paternel le charpentier, avec «ses deux haches à équarrir». «Naturellement égoïste, l'homme doit apprendre la bonté, comme une langue étrangère», écrivait Paul Morand dans son journal. Mais cette qualité, comme la compassion, la lucidité et la témérité, n'a malheureusement jamais soulevé les foules. L'apprentissage de la bonté et de la présence au monde passe souvent par un peu de tristesse, de désenchantement, d'austérité — quand le cœur perd en bien-être, le regard gagne parfois en clarté. Issenhuth le savait sûrement, lui qui a souffert de problèmes cardiaques et qui, enfant, a connu la pauvreté.

Toujours Issenhuth se tient du côté des pauvres et du peuple, citant avec plaisir George Orwell et Denis de Rougemont, qui respectivement disaient : « Car enfin, que savent de la pauvreté la plupart des gens cultivés ? » et « Quant au peuple il y a belle lurette qu'il sait ce qu'on doit penser des gens instruits. La plupart sont des égoïstes, des orgueilleux, des espèces d'aristos qui ne vont qu'avec les riches. »

En contact permanent avec un paysage naturel, physique, qui a renoncé aux apparences et dont il ressent tout ce qu'il contient de menacé, Jean-Pierre Issenhuth appartient aussi à un paysage mental que, dit-il, il « emporte partout ». L'auteur de « lectures libres » lit et écrit à la fois dans son jardin et dans la bibliothèque universelle. Au plus loin de l'institution littéraire et de ses afféteries, cet homme privé, privé de tout, lit un auteur et un autre, trace un mot, puis un autre. « Occupation menue, patiente, infinie, pareille à celle des diseuses de chapelet ou des vieilles qui tricotent », aurait dit Georges Hyvernaud. Une écriture serrée et vive, qui remplira des centaines de pages de carnets. Ultime résistance d'un homme dont les propos éclairent, enchantent, apaisent, grincent ou dégrisent, d'un artisan de l'écriture aussi peu soucieux de notabilité qu'il fut exigeant avec lui-même. « Le désir de n'être rien, de ne devenir rien dans le monde, rien dans la société, est une ambition comme une autre. Il a pris pour moi la forme du désir d'être un ver et de disparaître. » Jean-Pierre Issenhuth navigue ainsi à contre-courant d'une société réfugiée dans le spectacle. En dehors de toute idée de langue majuscule, de mouvement littéraire, de clan ou de mode, c'est à la limpidité, à la transparence du dire que sa prose et ses carnets renvoient. Mais il n'est pas un donneur de leçons. Jamais il n'enrubanne son propos ; jamais il ne plonge sa plume dans l'amidon. Pour lui, l'écriture n'est ni une question d'emballage ni une question d'habillage : ce n'est qu'une affaire de tenue. On peut avancer sans hésiter que son œuvre ne compte pas un mot de trop : pas un adjectif jeté là par paresse, pas un verbe faible. D'où cet aspect démaquillé, décapé. D'où cette prose sans sucre, sans minauderies, qui sait dire dans un souffle la beauté désolée, l'indistinct et le prégnant, le réconfort qu'offre la musique, sans qui, Nietzsche l'a bien dit, la vie serait une erreur. Lire Issenhuth rend exigeant : on s'accommode de moins en moins après coup de cette littérature moelleuse, tout confort, de cette littérature aux ressorts détendus qui fait l'ordinaire de l'édition. D'autant que cette voix, qui ne se revendiquait d'aucun parti, s'est donné les moyens de durer au-delà des contingences et du carcan de son époque. Aujourd'hui, elle a le don d'éveiller l'indignation. Elle redonne corps à des espérances mal articulées ou laissées à l'abandon. Dans son repaire landais, en toute humilité, Issenhuth a su déverrouiller tout cela. À chacun, ensuite, de dénouer ses propres vérités, de fouiller dans son petit tas d'effarements et de peines, d'y déceler des sources de colère, des raisons de lutter. Il suffit de jeter un regard autour de soi ou de lire quelques pages de ces nouveautés qui sortent en librairies et dont on parle dans les médias pour voir que beaucoup de lecteurs n'aiment pas être tirés de leur lit, de leur vie. Qu'il est toujours tentant d'aller s'ébrouer dans le bain tiède des engouements de masse et des colères majoritaires, de se fondre dans des décors inertes et indiscernables.

Il y a un cynisme de l'insouciance qui ne scandalise plus grand monde. Du coup, une fois que l'on a succombé à l'envie d'être singulier, on s'engage dans une étrange cavale sans fin. Ça n'a plus beaucoup à voir avec de la bravoure ou du génie. Ce n'est qu'instinct de sauvegarde et pure folie. Issenhuth, à sa façon, représentait une forme de folie. Une folie réfléchie, inflexible, d'une rare hauteur morale. Plus que jamais, il faut être un peu fou pour renoncer à sa condition de semblable, pour refuser un confort qui désamorce si bien le risque de paraître ridicule et la peur d'être seul. C'est ainsi qu'il écrit dans *Chemins de sable* :

> Je me suis exercé à la solitude. J'ai passé des semaines sans voir personne, sans parler à quiconque, dans la seule compagnie de la terre, des plantes, des canards, d'un rouge-gorge. [...] L'aptitude à vivre seul consiste à avoir le monde avec soi (plutôt qu'un monde à soi)...

L'homme Issenhuth a mené sa vie selon les principes qu'il s'était érigés : elle fut dense et attentive. L'écrivain, lui, aura connu un destin plus ingrat. Mais peut-être est-on un peu naïf en ne pouvant s'empêcher de voir dans cet isolement qui fut le sien la marque secrète d'une belle et indicible victoire, dont témoignait déjà à sa façon Georges Hyvernaud :

> Seul : on ne pense pas pour toi, tu penses pour toi. Aucun secours à attendre. Tu as opté pour le moins commode. La pensée n'est pas un fauteuil. Tu marcheras seul dans ta force. Dans ta faiblesse aussi. Tu t'assiéras seul sur les

tas de cailloux. Tu panseras seul les plaies de tes pieds — tu PENSERAS seul les plaies de ta vie. SEUL.

Dans une lettre écrite à Pissos le 7 novembre 2003, Jean-Pierre Issenhuth me confiait :

> Ô mon Dieu que le temps est court, que les projets sont gigantesques, que les forces sont limitées ! Je découvre que le fond de la vie solitaire est le silence humain [...]. La terre semble vraiment vouloir le dernier mot, dans mon cas — mais l'accompagnement littéraire s'est-il définitivement écarté ? Impossible à dire.

Jean-Pierre Issenhuth n'a pas cessé d'écrire parce qu'on ne le lisait pas. Mais il ne cessera de mourir si on ne le lit pas davantage. Et ce serait un lamentable gâchis.

YVON RIVARD

ISSENHUTH PAR HOPKINS[1]

Jean-Pierre n'aimait pas parler de lui, il préférait parler des vers de terre en qui il voyait « des frères estimés[2] », ou des êtres qu'il admirait, écrivains ou bûcherons, mystiques ou hommes de science. Son préféré était Hopkins, prêtre anglais du XIXe siècle, qui faisait partie de la famille au point où ses enfants l'appelaient par son surnom, « Skin ». Je vais donc vous parler de Jean-Pierre en vous parlant de Hopkins, que Jean-Pierre a traduit et commenté, et avec lequel il avait tant d'affinités.

Hopkins a écrit des poèmes, des carnets, mais, comme le dit Jean-Pierre, « c'est une activité discrète, surtout pour quelqu'un que le public ne préoccupe pas en premier lieu et qui, au surplus, a tendance à considérer la poésie non comme un "travail d'écriture", mais comme une activité mentale qui aboutit à "une parole transcrite[3]" ».

Quelle est donc cette activité mentale à laquelle Hopkins accordait ni plus ni moins de valeur qu'à toute autre activité, que ce soit enseigner, prendre parti pour les pauvres ou pelleter du fumier ?

Taper sur une enclume, scier une poutre, blanchir un mur à la chaux, conduire un attelage, balayer, récurer, tout rend gloire à

---

1. Texte lu aux obsèques de Jean-Pierre Issenhuth, à l'église d'Oka, le 14 juin 2011.
2. Jean-Pierre Issenhuth, *Chemins de sable : Carnet 2007-2009*, Montréal, Fides, coll. « Carnets », 2010, p. 158.
3. Jean-Pierre Issenhuth, *Hopkins*, Montréal, Fides, coll. « L'expérience de Dieu », 2003, p. 12.

Dieu pour qui est dans sa grâce et y voit son devoir [...]. Lever les mains pour prier rend gloire à Dieu, mais un homme qui manie une fourche à fumier ou une femme avec un seau d'eau sale Lui rendent gloire aussi[4].

Rendre gloire à Dieu, c'est apprendre à voir dans le monde «les traces de Dieu». Voici comment Jean-Pierre résume cette activité qui se fait aussi bien par la recherche scientifique, la culture de la terre ou l'écriture :

Entre François d'Assise et Teilhard de Chardin, son confrère, Hopkins est persuadé que ce monde est un message de Dieu. [...] La présence de Dieu dans le monde n'est pourtant pas accessible sans travail. La certitude qu'Il est là résulte d'un effort plutôt que d'un sentiment romantique de fusion. Il faut se lancer dans une quête méthodique et quasi mathématique de Ses traces[5].

Pour voir ces traces dans les êtres et les choses, dans les plantes et les animaux, dans la matière, il faut le regard précis et passionné du chercheur et du contemplateur : «Le lac ressemble à un haricot ou à l'oreille gauche d'un homme[6]», écrit Hopkins, ou encore «Les grêlons sont taillés comme ces diamants que l'on nomme des brillants[7].» La première trace d'une présence réelle dans le monde, c'est la beauté du monde qui procède de l'harmonie entre toutes les formes d'êtres et de vie, «des formes spécifiques, écrit Jean-Pierre, toutes uniques, [mais] en même temps que marquées par l'universelle analogie[8]».

La deuxième trace, indissociable de la première, c'est la bonté : «En tout homme et toute femme, écrit Jean-Pierre, la préférence de Hopkins est allée à la bonté[9].» Jean-Pierre avait la même préférence, lui qui a défini ainsi son propre héritage :

De mon grand-père paternel le charpentier, mort avant ma naissance, je ne sais que ces mots que mon père m'a dits un jour : «Il était bon.» J'ai hérité de ses deux haches à équarrir, l'une au fer orienté à gauche, l'autre à droite. De lui-même, par personne interposée, je n'ai que le mot «bon». Deux haches et le mot «bon», et j'ai l'impression d'avoir hérité de tout[10].

4. Hopkins cité par Jean-Pierre Issenhuth, *Hopkins*, p. 24.
5. *Ibid.*, p. 14.
6. *Ibid.*, p. 72.
7. *Ibid.*, p. 58.
8. *Ibid.*, p.14.
9. *Ibid.*, p.16.
10. *Chemins de sable*, p. 136.

Trouver les traces de Dieu dans le monde, à quoi cela sert-il ? À trouver le sens, car s'il y a des traces, ces traces viennent de quelque part et vont quelque part. Ce mouvement, écrit Jean-Pierre, c'est «le mouvement de la nature vers l'ordre surnaturel, le retour au Père, au Christ ou à l'Esprit[11]». Ce monde en cache un autre, voilà comment on pourrait résumer la pensée de Hopkins ou celle de Jacob Böhme, autre frère estimé de Jean-Pierre :

> Peut-être me situerais-je dans le sillage de Böhme, si j'écrivais : «Quand ce monde disparaît pour quelqu'un, il s'en révèle à lui instantanément un autre, jusque-là sous-jacent, contenu dans le premier, et sans la présence cachée duquel le premier n'aurait jamais eu accès à la manifestation[12].»

Vivre, mourir, chercher des traces, les trouver, les suivre jusque dans l'inconnu, c'est un peu comme faire un jardin : «Il y faut, écrit Jean-Pierre, simplement du temps et la foi en l'issue heureuse de cette aventure compliquée[13].»

Les derniers mots de Hopkins ont été «Je suis heureux, si heureux[14]». Les derniers mots de Jean-Pierre dont je me souviens ont été «il y a toujours beaucoup à voir», sans que je sache s'ils désignaient le terrain vague qui était devant nous ou autre chose.

Encore là, Jean-Pierre marchait dans les traces de Hopkins, dont il fait le portrait suivant : «Il avait quelque ressemblance avec l'apôtre Philippe, le timide, le perspicace, le contemplatif, qui voulait voir et appelait à voir ce qui méritait d'être vu. Comme Nathanaël sous le figuier, il a été appelé à l'action et à l'espérance de contempler, au-delà, le ciel ouvert et l'activité des anges[15].»

Jean-Pierre nous a appris à voir, il nous laisse tout ce qu'il a appris, tout ce qu'il a reçu, et la manière de disposer de tout héritage : «Ce qui compte m'a été donné gratuitement : la vie, les idées, l'énergie de faire, la faculté d'imaginer, les mots, les canards, les amis, la terre, l'amour. Cela suffit pour que la gratitude efface tout autre sentiment[16].»

---

11. *Hopkins*, p. 17.
12. *Chemins de sable*, p. 227.
13. *Ibid.*, p. 255.
14. *Hopkins*, p. 11.
15. *Ibid.*, p. 21.
16. *Chemins de sable*, p. 222.

PATRICK TILLARD

CONVERSATION BRISÉE

Cette lettre du 16 novembre 2005 permet d'approcher la sensibilité de Jean-Pierre Issenhuth. Elle le restitue vivant, avec une pensée qui cherche, se questionne avec ses doutes et ses appréhensions, et qui, toujours en éveil, interroge le présent déformé de la littérature et la réalité du monde comme un trésor toujours à déterrer. Une pensée non idéologique ne se cantonne pas à ce qui est donné, mais au contraire tente de rompre l'aliénation quotidienne et ses signes d'assentiment partout trop nombreux au Québec. La moindre des choses était de partager l'irréductibilité de cet homme libre, car l'amitié implique aussi de prolonger la vie, son ferment d'inquiétude, ce que l'écriture aide parfois à composer. Un homme sans amis est un arbre sans feuilles; il n'est pas trop tard pour monter à bord et lire ses quelques livres!

Cher Patrick,

Tout autant que vous, je me demande pourquoi il m'a été si facile de publier des livres. Et même, pendant les vingt ans (1981-2001) où j'ai décidé de ne rien publier, j'ai dû refuser des offres... Faut-il se ficher complètement des éditeurs pour qu'ils vous courent après?? À partir de 2000, j'ai voulu publier coup sur coup pour laisser quelque chose à mes amis en m'en allant. Je crois que mes amis ont été contents — mais à part eux et quelques personnes qui ont écrit des comptes rendus, je suppose que personne n'a lu mes livres. Il est vrai que je n'ai jamais bougé le petit doigt pour les faire connaître, ni me mettre de l'avant. Vous me faites penser que l'amitié a joué un grand rôle dans mes aventures littéraires. À *Liberté*, j'étais avec des amis (François Ricard, François Hébert, Yvon Rivard, René Lapierre, Fernand Ouellette, etc.). Et c'est pour revoir des amis (F. Hébert, Y. Rivard) que j'ai accepté d'aller parler de Gaston Miron à Liège en avril dernier. C'est encore pour un ami (Jacques Brault) que je vais peut-être aller parler à Sherbrooke en avril prochain. L'amitié toujours. Merci de m'avoir suggéré de lire *Des arbres à abattre*. C'est formidable! Vers la fin, j'ai vu deux pages extraordinaires sur l'institution littéraire et ses mœurs risibles! Dans cette époque étrange, écrire ou ne pas écrire semble une question de vie ou de mort («Je mourrai si on me prend mon crayon!», etc.). J'ai besoin de plus de liberté — liberté de tourner la page, de m'absenter, de revenir à mon gré, comme l'amateur que j'ai voulu être. Il me semble que dans le passé, il y avait beaucoup d'amateurs en littérature; ils ont disparu. Tout est professionnel, professionnalisé, et il est vrai que, dans ce décor, les amateurs seraient incongrus. Je ne les vois pas ramer sur une galère, même fortunée. J'ai depuis longtemps une préoccupation plus permanente, plus constante, plus lancinante qu'écrire. C'est «Comment vivre avec la Terre?» Cette préoccupation n'a pas cessé de grandir. Les échecs et les embûches ne l'ont pas ralentie. Vous avez peut-être raison de dire que c'est là l'expérience plus totale dont j'avais besoin. Qu'écrire s'est avéré insuffisant. Je ne m'explique pas autrement l'évolution des choses. Il y a d'autres aspects de mon cas que j'essaie de comprendre dans le livre que j'ai commencé : la passion de construire des cabanes, de fouiller dans les ordures, de la vie pauvre. Rien de tout cela, entre autres choses, n'est très clair à mes yeux. Je m'interroge. Est-ce une manière de vomir totalement, dans ma vie, le train du monde actuel? Vous aimez l'humour? Vous en trouverez dans *Le petit banc de bois*, je crois, si cette brique ne vous rebute pas.

Je suis en train de prolonger votre dernière lettre sans même vous en avoir remercié. Vers 1970, à Montréal, j'entendais parfois le Bison ravi à Radio-Canada, où il avait une émission — j'ai oublié le sujet. Merci pour les copies des lettres — quel mal vous vous êtes donné!! J'ai reçu tout cela avant-hier, et, comme il pleut, je reprends le courrier.

Je trouve en permanence, en remontant dans ma vie, la nécessité *d'inventer le monde* — un monde dans le sens de «habiter poétiquement la Terre». Tant que cette invention a été compromise dans la réalité, elle s'est exercée dans les mots. Quand elle est devenue possible dans la réalité, les mots ont pris l'apparence d'un pis-aller, devenu très secondaire. L'invention s'est engouffrée dans la réalité. Car c'est ce que je fais ici, dans la forêt : inventer mon monde, avec les forces et la santé qui me restent. Dans ce monde mien, le végétal et l'animal et le minéral ont chacun, je crois, une place aussi importante que l'humain et le divin. Je me suis intéressé aux «Situs» parce qu'ils se sont frottés à l'idée du dépassement de l'art par la façon de conduire la vie. À la question «Comment habiter poétiquement le monde?», ils ont trouvé leur réponse (situations, dérive, psychogéographie, etc.). Ce qui m'était étranger, c'est qu'ils cherchaient une réponse collective, grégaire, même s'ils n'étaient qu'un petit nombre. Il m'a semblé que chacun doit chercher la réponse qui lui est la plus naturelle. Grâce à vous qui m'avez orienté vers Thomas Bernhard, j'ai trouvé dans *Correction* quelque chose qui m'exprime, je crois ; pour Roithamer, la nécessité d'inventer son monde est liée à celle de bâtir : «Construire est ce qu'il y a de plus beau, la satisfaction suprême.» (p. 240). J'y pense en marquant au sol les limites de la cabane que je veux construire cet hiver avec des matériaux ramassés dans les ordures ces dernières années. (Je vous l'ai peut-être déjà dit, pardonnez si je radote.) Pas encore trouvé *Bartleby ou la création* d'Agamben — mais, grâce à vous, j'ai pris goût à Agamben en lisant *Le temps qui reste*. J'espère vous aider en essayant de me comprendre. Vous, vous m'aidez beaucoup. Cette fois, j'ai essayé de répondre à la question de votre lettre : «Est-il question d'impuissance dans votre livre [*Deux passions*] ou plutôt de ce qui manque de poésie à l'écriture pour qu'elle devienne une expérience totale?» Il est vrai que dans le livre, ce n'est pas clair, parce que j'étais loin de la clarté. J'ai peut-être fait depuis quelques pas dans le sens de la clarté. Du moins, je l'espère. Vous avez raison, le Québec manque de négativité. Paradoxalement, ce manque barre la route à toute possibilité de positivité réelle. Là où tout et tout le monde sont beaux et gentils, rien ni personne n'est beau et gentil. Vous me plongez dans le souvenir : le Centre-Sud, ERPI. Quand je travaillais à Pierre-Dupuy (coin Ontario-De Lorimier), j'avais affaire avec ERPI pour les commandes de manuels. Vous vivez tout près de mon quartier général d'antan, le carrefour de la poutine — le Restaurant Lafleur où j'ai beaucoup écrit avant le lever du jour, et où étaient mes muses (les *waitresses*).

Amicalement,

Jean-Pierre

(Mon Dieu, c'est fou ce que je vais écrire! Le crachin hivernal de l'océan s'installe!) (Autre extraordinaire lecture de ces dernières semaines : *Remarques mêlées* de Wittgenstein.) Je vais vous dire ce qui a été le plus extraordinaire (et utile) pour moi dans Wittgenstein : c'est que tout est question de situation, de position, d'avancement, qui déterminent ce qu'on peut voir et comprendre, sur quelque chose que ce soit, de la simple considération du paysage au domaine entier de l'esprit et du cœur.

« RIEN ! »

Cela aurait pu se terminer bien, avec sourires et poignées de main, tous heureux d'avoir fait avancer la science, en cette journée d'échanges et de discussions. En tout cas, c'était bien parti. La journée avait été comme sur des roulettes. Mais à la toute fin, ça a dérapé. Tout à coup. On ne s'y attendait pas. Mais vraiment pas du tout. Puis, voilà que ça déraille. Je parle du colloque sur le thème de la négativité en littérature qui s'est déroulé le 1er avril 2011 à l'Université Laval. Oui, ça aurait pu se conclure sur une note agréable, avec le sentiment, partagé par tous, d'avoir accompli ce qu'il convient d'accomplir dans le rituel «colloque», lorsque Jean-Pierre Issenhuth, de sa voix graveleuse, profonde, laisse tomber un «RIEN !» bien senti. Il répondait à une question qui demandait : «Mais qu'est-ce que vous attendez de nous [les universitaires] ?» Et Issenhuth de balancer ce «RIEN !» péremptoire, sec, sans appel. Puis, il avait ajouté, toujours de cette voix inimitable : «Je ne vous lis plus.» L'insulte suprême, quoi! Il n'y allait pas avec le dos de la cuillère, celui-là! Tous en avaient été saisis, figés.

Oh, mais ne croyez pas que les choses étaient pour autant devenues inciviles, dans cette petite rencontre. Que tout avait tourné au vinaigre. Rassurez-vous. C'est tout simplement que, après une journée de communications sur tant et tant de sujets passionnants, nous étions enfin *là* à nous regarder dans le blanc des yeux et à parler des *vraies choses* (pour employer une expression que je n'ai jamais tout à fait comprise). Donc, non : aucune remarque blessante, pas d'injures, pas d'*ad hominem*. Nous ne sommes tout de même pas des sauvages. Nous ne sommes pas des bêtes. Mais la tension dans l'air était palpable — à couper au couteau. Ce «RIEN!» avait tracé une ligne dans le sable, une frontière entre les universitaires d'un côté et les praticiens de la chose littéraire de l'autre. Deux camps. Palestiniens et Israéliens. Tempête dans un verre d'eau, que tout ça? Si vous y tenez. Mais ce qui était évident, ce qui était clair pour tous, c'est que la *pluriversité* des praticiens avait, ce jour-là, en toute fin de colloque, dérangé — oui, dérangé, indisposé, heurté, pour ne pas dire maculé, sali — l'*université* des savants et des savantes.

Côté jardin, il y avait les praticiens Robert Lévesque, Jean-Pierre Issenhuth, et, de la revue *Liberté*, Pierre Lefebvre et moi. Drôle de bande, finalement. Puis, côté cour : universitaires et étudiants, crayons et plumes au garde-à-vous. Et croyez-moi, ce n'est pas la matière grise qui manquait ce jour-là. De part et d'autre, elle était plus qu'abondante. Ça pétillait d'intelligence, et de partout. C'est plutôt sur le plan des idéologies — ou des visions du monde, si vous voulez — que ça a achoppé. C'est là que ça a cassé. Il fallait un peu s'y attendre, non? Mélanger le feu et l'eau, ce n'est pas toujours évident.

En fin de compte, ce qu'on a trouvé à riposter, côté cour, à ce «RIEN!» sombre, sépulcral d'Issenhuth, c'est à peu près ceci : «En tant qu'universitaires, nous, on fait de la recherche.» Quand on dégaine, comme ça, le paradigme de la science pure, le grigri des sciences naturelles, c'est que ça va mal à *shop*. Bien sûr, on entendait ainsi confirmer la valeur de son champ d'activités professionnelles. Puis, après tout, la science comme trique, c'est de bonne guerre. Si ça peut clore le bec à la partie adverse, eh bien franchement, pourquoi pas?

Mais il reste qu'il me gêne drôlement, ce mot «recherche». Je n'aime pas l'avoir dans les pattes. Dans ma tête à moi, ça a toujours connoté l'empilage de cannes dans un entrepôt. Et quand on prétend s'occuper des *humanités* — ce qui était tout de même notre cas à nous tous, dans ce colloque — ce n'est pas là, dans les empilements, que ça devrait se passer. Mais il faut un peu de tout, c'est ce qu'on nous dit. J'oubliais. C'est la question *des* approches (au pluriel). Bon, j'en conviens. Et c'est sans doute ce qu'on avait, ce jour-là. Mais vous ne trouvez pas que, côté cour, on se contente — trop souvent, selon moi — de tripoter sources et influences? C'est utile. Mais on oublie le sens. Oh, il ne s'agit pas de débusquer un quelconque « message ». On n'en est plus là, personne. Ce dont il devrait être question, c'est de rendre tel poème, telle page de roman, *signifiant*. Il s'agit donc moins de travailler les textes que de les *faire* travailler. La nuance est importante. Il faut jouer les pères Fouettard en la matière, ce qui veut dire toujours mettre et remettre les textes au boulot. Il faut que ça gagne sa pitance, ici sur cette terre, un texte littéraire. Pas de BS pour les textes ! Il y a déjà trop d'anthologies et de manuels d'histoire de la littérature dont c'est le but : garder des textes sur le « bien-être ». Revenons au colloque : au final, on peut dire que les participants, côté cour, étaient plus « *sciences* humaines » qu'« humanités ». Plus focalisés sur le mode « expliquer » — et « systématiser » — que sur le mode « comprendre », pour rappeler la célèbre distinction de Wilhelm Dilthey (1833-1911[1]). Et c'est peut-être ça qui a fini par agacer Issenhuth, ce jour-là.

Ah, mais tiens, il y a cette autre distinction, et elle est de Kant cette fois. C'est la distinction que le philosophe de Königsberg établit entre *Schulbegriff* et *Weltbegriff*. « *Begriff* », en allemand, ça veut dire « concept ». Si bien qu'on se retrouve — c'est dans « L'architectonique » vers la fin de la première *Critique* — avec des concepts d'école ou concepts scolastiques (qui sont ceux qu'on privilégie côté cour) et des concepts *monde* ou concepts mondains, concepts cosmiques (qui sont finalement le suc de tout ce qui se pense et s'écrit côté jardin). La *Schulbegriff* n'est, selon Kant, qu'« une des aptitudes pour certaines fins arbitraires ». Et « arbitraires », vous le savez, ça veut dire « pas vraiment nécessaires ». C'est ce que la science utilise quand elle veut cerner, apprécier, saisir des détails. C'est la *Schulbegriff* qu'on met à contribution, qu'on met en branle quand on veut construire l'unité systématique des connaissances. Pour ce qui est de la *Weltbegriff*, eh bien ça, messieurs dames, c'est une tout autre paire de manches. La *Weltbegriff* — ou concept *ouvert sur le monde* — « intéresse nécessairement chacun[2] », précise Kant, et que cela puisse intéresser chacun ne doit pas surprendre puisque le « concept *monde* » justement *est* « concept *monde* » du fait d'être d'une utilité large, fondamentale. Il (le concept *monde*) favorise les « fins essentielles de la raison humaine » (Kant). À ceux qui diront qu'Issenhuth se gaussait

---

1. La tâche des sciences naturelles serait d'« expliquer », alors que celle des sciences humaines serait de « comprendre ».
2. Emmanuel Kant, *Critique de la raison pure*, Paris, Garnier-Flammarion, 1976 [1781], p. 625.

de telles abstractions (la raison humaine et ses fins), je réponds :
«Relisez bien attentivement le lumineux *Le cinquième monde*[3].»
Puis, sachez bien qu'il faut être passablement effronté pour manier
ce genre de concept dit mondain. C'est, vous l'aurez saisi, par la voie
des *Weltbegriffe* qu'on fait travailler un texte littéraire[4].

Une dernière analogie. Côté cour, on fait un usage privé de la
raison (où «privé» veut dire «interne» à la discipline littéraire), ce
qui fait plutôt serre chaude. Alors que côté jardin, on en fait un usage
public. Ça aussi, c'est du Kant. «J'entends par usage public de notre
propre raison celui qu'on en fait comme *savant* devant l'ensemble du
public *qui lit*[5].» Vous avez entendu? Devant *l'ensemble* du public
qui lit! C'est aussi le partage ésotérique / exotérique, l'usage privé de
la raison étant de l'ordre de l'ésotérique, et l'usage public, de l'ordre
de l'exotérique.

Bon, désolé de nous lancer du Dilthey et du Kant par la tête. Mais
que voulez-vous, ça m'amuse. Puis, c'est comme ça que j'entends le
«Sortez de vos campus!» qu'Issenhuth, en bon kantien qui s'ignore,
avait fini par lancer ce jour-là. Ce n'est pas trop dire qu'il était exas-
péré, Issenhuth. Soyez de *ce* monde, nom de Dieu! Et bon sang, faites
donc, pour une fois, un usage *public* de la raison! Voilà ce qu'Issenhuth essayait de nous dire, à nous tous, en cette fin de colloque.

Je crois finalement qu'on doit voir dans tout ceci, dans cette triple
explosion — le «RIEN!» massif, le «Je ne vous lis plus» véhément,
et l'ultime et vigoureux «Sortez de vos campus!» —, quelque chose
comme le testament de Jean-Pierre Issenhuth.

---

3. Jean-Pierre Issenhuth, *Le cinquième monde*, Montréal, Fides, 2009, 268 p.
4. On aura bien sûr compris que «*Welt*», en allemand, veut dire «monde», et que «*Schul*»
   veut dire «école», dans le sens d'une scolastique ou d'une pensée scolaire.
5. Emmanuel Kant, *Qu'est-ce que les Lumières?*, Paris, Mille et une nuits, 2006 [1784], p. 16
   (souligné dans le texte).

SORTEZ
DE VOS CAMPUS !

Je n'ai pas connu Jean-Pierre Issenhuth. J'ai par contre eu la chance de le rencontrer, et dans des circonstances qu'en vérité j'hésite à qualifier. Tantôt elles m'apparaissent cocasses, tantôt bizarres, tantôt grotesques ou même extraordinaires. Peu importe, au final. L'essentiel est qu'elles m'aient donné l'occasion de voir l'homme à l'œuvre.

À ce moment-là, il y a de ça dix mois, je ne connaissais d'Issenhuth que *Le petit banc de bois* que j'avais, comme le veut l'expression, dévoré à sa parution en 2003. Ce recueil d'articles et de comptes rendus donnait déjà, pour ainsi dire, la mesure de l'homme ou, à tout le moins, une bonne idée de la sévérité bien placée qui pouvait l'habiter. Il y avait quelque chose de littéralement euphorique à constater, en plongeant dans ces pages, que l'exigence en matière de critique littéraire peut bel et bien exister dans notre consensuelle province de Québec. Faut-il vraiment préciser qu'à l'époque où il s'occupait de la poésie dans *Le Devoir*, la plupart de ceux qui se disaient poètes l'accusaient de ne pas aimer la poésie, pour la simple raison qu'il ne célébrait pas avec vigueur tout ce qui se publiait ?

Je n'avais pas encore lu *Rêveries*, son recueil de proses paru chez Boréal, dans lequel je suis plongé en ce moment. Ni non plus ce qu'il a fait, me semble-t-il, de plus beau : *Le cinquième monde* et *Chemins de sable*, ses deux premiers carnets publiés chez Fides. C'est à coup sûr à leur contact qu'on comprend qu'on a affaire à un véritable écrivain.

Installé dans les Landes de Gascogne, il y note un ordinaire des jours qui n'aurait sans doute pas déplu à Thoreau. Tout imprégnés d'une force tranquille qui n'a rien à prouver, ces carnets nous offrent une exploration concrète, intime, du monde et de la parole. C'est surtout cette attention constante à ce qui est qui trouble et enivre dans cette écriture. La chose est d'autant plus fascinante que cette vigilance n'y est pas qu'acuité du regard. Elle est aussi, et surtout, une affaire de gestes et de régularité : nourrir les canards, vider la fosse septique, émonder les arbres fruitiers, sarcler le potager, étendre le fumier et en observer le lent travail, glaner au dépotoir municipal les matériaux nécessaires — briques, pierres, tuiles, madriers, planches, fenêtres, carrelage — à la construction d'une cabane. C'est ainsi avant tout la main, chez Issenhuth, qui permet d'éprouver le monde. Lecture et écriture participent d'ailleurs du même mouvement et s'avèrent, elles aussi, de simples gestes aussi concrets qu'ancestraux. C'est sans doute la raison pour laquelle le poème bancal ou le texte boursouflé semblent provoquer chez lui la même colère, le même dépit, qu'un toit qui coule.

Mais je digresse peut-être. Excusez-moi, je reprends.

Ça a commencé par une invitation. Le Département des littératures de l'Université Laval organisait, au printemps dernier, un colloque sur le négatif en littérature ou peut-être plutôt sur l'absence de négativité dans la littérature québécoise, ou enfin quelque chose dans ce genre-là. C'est comme ça qu'un matin le téléphone a sonné : est-ce que j'accepterais de participer à ce colloque avec un ou deux collègues de la revue ? Pourquoi pas ? Comme j'étais quelque peu étonné que l'on ait pensé à moi, j'ai rapidement exprimé ma crainte de ne pas y trouver ma place. On me rassura : les organisateurs, dans une espèce d'emportement qu'on pourrait toujours qualifier d'œcuménique, souhaitaient justement entendre des propos, je n'oserais pas dire « en friche » ni « sauvages », allons-y donc, pour être plus précis, pour « non universitaires » ou à tout le moins « non académiques ». La preuve, ajouta-t-on, et elle était parlante, c'est que Jean-Pierre Issenhuth y serait. C'est comme ça que Robert Richard, Robert Lévesque et moi nous sommes lancés dans l'aventure.

Avant d'aller plus loin, je me dois tout de même de préciser que les colloques universitaires me font en général un drôle d'effet. C'est peut-être dû à mon statut de pigiste, mais je m'habitue mal à travailler, non pas pour presque rien — ça, j'en ai l'habitude —, mais bien pour rien du tout. Dans ce genre de cirque, celui qui n'enseigne pas, pas plus qu'il n'étudie, se trouve souvent dans une drôle de position : les uns y étant payés pour faire leur travail, les autres traversant une étape de leur cursus, l'invité, pour sa part, finit inévitablement par se demander, au fil des communications, s'il ne joue pas un simple rôle de faire-valoir, de *cheap labor* ou, s'il est ce jour-là particulièrement mal luné, de dindon de la farce. Pour m'éviter de répondre à cette cruelle question, j'ai donc fini par développer un modus operandi très simple : ne jamais pisser quoi que ce soit pour ce genre d'événements.

C'est comme ça que pour le gîte, le couvert et les frais de déplacement que l'on m'offrait, j'ai proposé de tricoter quelque chose à partir d'un texte que j'avais déjà publié. J'y avançais, en gros, que la littérature canadienne-française avait peut-être perdu de son mordant en devenant la littérature québécoise ; qu'en changeant bêtement de nom pour devenir nationale, elle s'était pour ainsi dire délestée d'une grande partie de sa négativité. On accepta la proposition, à mon grand soulagement.

Pouvant m'avérer extrêmement paresseux, je ne me suis replongé dans ce texte que le jour même de ma « communication ». C'est seulement là que je me suis rendu compte que, dans un passage sur la place de la littérature dans le Québec contemporain, je renvoyais dos à dos les universitaires et les chroniqueurs « culturels », en affirmant que la plupart d'entre eux, chacun à leur manière, passaient, et de façon radicale, à côté de la littérature. Ce n'était peut-être pas l'idéal dans le contexte, mais comme j'avais un verre dans le nez (on venait de sortir de table), je me suis dit, bêtement, que ce serait amusant de provoquer un petit peu. C'est malheureusement en lisant le texte à l'assistance que j'ai réalisé à quel point je n'y allais pas de main morte. Bref, ç'a jeté un froid.

Il fallait peut-être s'y attendre : au moment de la discussion qui concluait le colloque, la directrice du Département nous a demandé, à nous, les mécréants, ce que nous attendions des universitaires. C'est là que Jean-Pierre Issenhuth, qui s'était fait plutôt discret depuis le début, s'est éclairci la voix pour éructer un tonitruant : « RIEN ! » Un convive pétant dans un restaurant sévèrement sélect n'aurait pas causé plus d'émoi. Même moi, c'est pour dire, j'ai ressenti un malaise. J'ai tenté de calmer le jeu, à tout le moins d'en arrondir les angles, en avançant que je n'irai pas jusque-là, mais que j'attendais des universitaires du sens, ce que les présentations PowerPoint et le vocabulaire plus techniciste que savant ne me semblaient guère prodiguer. Mes efforts, il faut le dire, furent déployés en pure perte. Issenhuth, en effet, je n'oserais pas dire comme un volcan endormi, même si c'était un peu ça, s'était réveillé : « Je ne vous lis plus. Vous m'ennuyez. Vous ne dites rien. »

De l'effarement muet des uns aux réfutations amicales et bon enfant des autres, rien ne semblait être en mesure d'arrêter la coulée de lave, et surtout pas les justifications corporatives qui fusaient çà et là : « SORTEZ DE VOS CAMPUS ! TOUT LE MONDE S'EN FOUT, DE VOS CONNERIES ! »

Je me demande par moments si le plus étonnant n'était pas de constater à quel point une simple parole laissait ces professionnels et futurs spécialistes de la littérature effarés. C'était peut-être dû à une trop grande fréquentation de leur jargon, si ce n'est de leur babil. Il était difficile en les regardant de ne pas penser au *Livre à venir* de Maurice Blanchot, dans lequel il affirme qu'il y a essentiellement deux façons d'aborder la littérature. La première est celle d'Ulysse, qui demande à son équipage de l'attacher solidement au mât du navire afin de lui permettre d'écouter, en toute sécurité[1], l'envoûtant chant des terrifiantes sirènes. La seconde est celle d'Achab, dont le filin du harpon l'entraîne à ne faire qu'un avec le corps de la monstrueuse baleine, le liant ainsi à l'abîme d'une façon définitive. Il était clair que, cet après-midi-là, dans un local un peu gris, un peu triste, du Département des littératures de l'Université Laval, les deux mythiques marins s'affrontaient une fois de plus.

Score final cette fois-là : 10 à 0 pour Achab.

Merci, M. Issenhuth.

---

1.   sociale, ha, ha !

ROBERT LÉVESQUE

AU SINGULIER D'ISSENHUTH

Depuis 2009, Jean-Pierre Issenhuth avait choisi d'employer le terme *carnet*, écrit au singulier, pour regrouper en un ensemble textuel et floral les fragments de réflexion qu'il écrivait au fil des jours, des nuits et des saisons ; il notait, tel un préposé au greffe d'un tribunal intime, ce qu'il y avait à retenir de ses actes d'homme, et de professeur, de ses pensées de poète, de ses lectures, de ses observations de la nature et du monde, de ses affinités électives dans le monde de l'art, de ses réflexions philosophiques, de ses rêveries de promeneur lavallois, de ses passions du paysage et de ses déceptions de témoin de ceux-ci, et, comme il l'écrivait dans *Le cinquième monde*, de ses « ruminations à part ».

J'aurai le triste bonheur de publier en 2012, poursuivant ses *Chemins de sable*[1], le troisième et dernier carnet au singulier d'Issenhuth puisque notre ami, qui fut longtemps de l'aventure de la revue *Liberté*, est mort d'un cancer au printemps 2011, cancer et printemps se heurtant en lui et se coalisant pour lui arracher le cœur et l'âme, la plume itou. Derniers fragments d'un jardinier obstiné de l'univers, *La géométrie des ombres*, son manuscrit qu'il me remit quelques jours avant sa mort et duquel j'extrais ce voyage sur la Côte-Nord du fleuve

---

1. Les deux premiers carnets sont parus chez Fides en 2009 et 2010.

Saint-Laurent, paraîtra chez Boréal dans la collection que j'ai créée et dont le nom de «Liberté grande», pris chez Julien Gracq, lui va comme un gant, de travailleur et d'écrivain.

JEAN-PIERRE ISSENHUTH

LA GÉOMÉTRIE DES OMBRES (EXTRAIT)

À regarder les boulevards industriels et commerciaux qui ceinturent les villes, on peut douter qu'il existe au Québec des régions. À Laval-Ouest, à Lévis, à Rimouski ou à Sept-Îles, les magasins sont les mêmes ; les terre-pleins, disposés de la même manière, sont plantés des mêmes arbres ; l'architecture est équivalente au détail près. Personne, nulle part, ne peut être dépaysé. On trouve partout les mêmes restaurants, les mêmes hôtels, les mêmes pharmacies, les mêmes concessionnaires automobiles, les mêmes enseignes de toutes sortes. Rien ne semble pouvoir exister qu'en série. Aussi loin qu'Aguanish, le décor humain change à peine ; il est seulement plus clairsemé. Les maisons des villages sont des maisons de ville ou de banlieue : même architecture, mêmes matériaux de construction, même rectangle de gazon, même allée asphaltée, même cabanon de jardin. Bien sûr, les bâtiments de ferme indiquent qu'on est à la campagne, mais dans quelle campagne ? Les granges, les hangars et les silos se ressemblent.

Pour s'apercevoir qu'on change de région, il est nécessaire de se tourner vers les champs. La latitude et l'altitude y sauvent la diversité. Ici dominent les cultures maraîchères, là, les pommiers, ailleurs, les céréales (maïs, orge, seigle, avoine, sarrasin), ailleurs encore le colza, les prairies naturelles ou cultivées (luzerne ou trèfle rouge). La mer aussi peut indiquer où l'on se trouve. À Trois-Pistoles, à Saint-

Fabien-sur-Mer, au Bic, je l'ai vue monter et descendre sans vagues, sans aucun bruit, comme un soufflé. Plus loin dans le golfe, elle battait les rochers avec fracas. Mais la forêt est encore le meilleur moyen de faire le point.

Des peuplements de pins blancs sont visibles à Tadoussac. Au-delà, ils cèdent progressivement la place au pin rouge, puis au pin gris, au mélèze, au bouleau à papier et au peuplier faux-tremble. Une colonie de pins gris (les plus délicats des pins) m'a émerveillé le long de la petite route qui mène au phare de Pointe-des-Monts. Dans les villes de la Côte-Nord abondent les sorbiers ; ils y poussent en buissons, parfois avec une multitude de troncs ; les grappes de fruits orange donnent aux rues leur couleur. Entre Havre-Saint-Pierre et Natashquan, sur les hauteurs où la forêt boréale se raréfie, la longueur de la pousse annuelle semble promettre aux mélèzes un plus bel avenir qu'aux épinettes. Si on laisse la forêt tranquille, quiconque passera là dans quarante ans trouvera peut-être une forêt de mélèzes.

À la pointe des Monts, l'estuaire s'élargit brusquement. Avant de se perdre dans le golfe, toutes les eaux que j'ai préférées — l'eau verte et poissonneuse de l'île aux Noix, l'eau sombre du lac des Deux-Montagnes, l'eau couleur métal des rapides du Grand Moulin, l'eau brune, chargée d'humus, du ruisseau de Saint-Lin — passent devant les rochers de cette pointe. En y passant aussi, j'ai aimé imaginer que le phare de Pointe-des-Monts vérifie tout.

Tout au long de la côte, que d'emplacements possibles pour des cabanes ! À Baie-Johan-Beetz (sur la plage de pierre), à la pointe de Moisie (sur un pré en pente derrière la dune), à l'île Niapiskau (sur une dalle calcaire en surplomb, dominant la mer), j'ai pour ainsi dire vu des cabanes faites avec les matériaux disponibles à la ronde, et derrière ces cabanes se profilait celle de Puyjalon sur l'île à la Chasse.

À la pointe de Moisie, j'ai goûté les pois de mer qui nourrissent les morses et les chevaux de l'île de Sable, et les ai trouvés excellents.

Au-delà de Baie-Comeau, il m'a semblé percevoir de mieux en mieux l'essence du Québec. Je me disais : « Le vrai cœur du Québec est ici, les régions moins éloignées et plus peuplées sont des prolongements décoratifs. » La fragilité des écosystèmes de la Côte-Nord est sans doute une réalité. On le devine à la minceur de la couche d'humus sur les rochers. Mais l'impression qui domine est celle d'une force indomptable. Puissance de la forêt : les dunes de Tadoussac, presque nues il y a quarante ans, sont maintenant semées de vigoureux bois de bouleaux. Puissance de l'eau : devant la chute Manitou, sous un orage, dans un sous-bois moussu, couvert de russules, on ne peut pas l'ignorer.

Si l'abbé Huard revenait, les potagers de Havre-Saint-Pierre et d'Aguanish[1] le raviraient. À Havre-Saint-Pierre, dans un jardin fertilisé au caplan et aux algues, j'ai trouvé, à l'exception des tomates, des aubergines et des poivrons, presque tous les légumes courants cultivables à Montréal : céleris, concombres, carottes, navets, choux, oignons, courgettes, haricots verts, laitue, betteraves et pommes de terre. Les fleurs (dahlias, glaïeuls, pavots, lupins, pieds d'alouette, soucis, pensées) n'étaient pas en reste, et beaucoup se ressemaient d'elles-mêmes. L'artisan de ce jardin m'a appris que des jaseurs de passage se saoulent de baies de cormier (sorbier) à la fin de l'automne.

La côte septentrionale d'Anticosti apparaît au large de Rivière-au-Tonnerre. Par beau temps, on suit son mur gris jusqu'à Natashquan. Elle est toujours là, à droite, même quand la brume la dissimule.

À Havre-Saint-Pierre, l'embarquement du titane sur les minéraliers durera, m'a-t-on dit, soixante ans. L'aluminerie Alouette, qui occupe un versant de la baie des Sept Îles, aura-t-elle une vie plus longue ? Dans les monumentales implantations industrielles de la côte, il y a quelque chose de transitoire et de léger qui contraste avec leur taille. C'est l'espace sans une durée correspondante assurée, l'espace séparé du temps. On n'y trouve pas la « cohérence » et la « vie immuable » qui rendent, aux yeux de Paul Theroux[2], un paysage « lisible » et un lieu « inspirant ». « Cohérence » et « vie immuable » sont plutôt dans la mer, dans la forêt, dans les fantaisies calcaires de l'archipel.

Au port de Havre-Saint-Pierre, le manège des trains et des minéraliers va de pair avec les allées et venues des habitués du quai ; ils échangent des nouvelles, lancent leur ligne quand la marée monte, la rangent quand la petite morue n'est pas au rendez-vous, s'en vont,

1. Sur l'île de Sable, dans un sol apparenté à celui d'Aguanish, à 7o de latitude plus bas, les tentatives de jardinage semblent avoir été espacées. Joseph-Charles Taché y a pourtant signalé « des couches de terreau en dépôts assez considérables », et il a noté qu'on a longtemps appelé « Les Jardins français » un secteur de l'île, mais c'était en souvenir des colons de La Roche, présents autour de 1600. Le même Taché affirme que, trois siècles plus tard, en 1880, au temps de la station de sauvetage, on a récolté sur l'île 1200 minots de pommes de terre, 150 minots d'autres racines et 31 minots d'avoine (Joseph-Charles Taché, *Les Sablons*, Montréal, Granger Frères, 1930, p. 67 et 101). Entre-temps, dans les années 1750, les colons d'Andrew LeMercier avaient cultivé du blé, du seigle et des légumes racines, notamment des rutabagas qui, dit-on, atteignaient un poids de sept livres (Lyall Campbell, *Sable Island*, Hantsport, N.-É., Lancelot Press, 1994, p. 33). Je n'ai pas trouvé d'autre mention de tentatives agricoles sur l'île. À une latitude moins favorable, la Côte-Nord actuelle l'emporte pour la diversité des légumes.

2. *Les colonnes d'Hercule*, Paris, Grasset, 1997, p. 64.

reviennent plusieurs fois dans la journée. Entre le quai et l'île la plus proche, les baleines passent et repassent comme eux.

Pourquoi est-ce Baie-Johan-Beetz qui m'a laissé la plus grande sensation d'isolement? Gabrielle est née à Baie-Johan-Beetz; elle y est restée jusqu'à 20 ans pour prendre soin de ses frères et sœurs plus jeunes quand le village n'était accessible que par bateau. En ce temps-là, autour du «château» (c'est ainsi qu'on nommait la maison de Beetz), les familles faisaient provision de poches de pommes de terre et de caisses de pommes pour l'hiver. Gabrielle était responsable de la conservation des vingt-six poches et des six caisses dont dépendait la vie de la famille. Elle en aurait long à dire, en toute connaissance de cause, sur la sensation d'isolement, mais moi?

La Côte-Nord ne fait pas étalage de son bonheur, ni de ses écueils. Qui croirait qu'à 1400 kilomètres de Montréal, non loin du Labrador, les plages de sable peuvent être immenses et que la mer, en septembre, dans telle baie, est presque tiède? Kauffmann dit préférer la Haute Lande à la Chalosse pour une réserve analogue : «D'emblée je me suis méfié de la beauté évidente de ce pays de cocagne. C'est une campagne plantureuse, verdoyante, qui se livre sans façon. Généralement, je n'aime pas trop ce qui est flagrant, exagérément aimable. Selon moi, un paysage doit posséder une part d'abstraction, pas trop tout de même, un compromis entre opacité et retenue[3].»

À Natashquan, face au village, au bout de la pointe des Galets, se dressent sept ou huit cabanes où l'on préparait autrefois la morue. Il n'y en a pas deux de la même taille; toutes sont orientées différemment; un appentis sur le côté prolonge certaines d'entre elles. Elles ont des murs blancs, des portes et des fenêtres rouges, un toit gris, le tout fondu dans le bleu-gris pâle du ciel et de la mer. En les regardant longtemps du fond de la baie, le 1er septembre, il m'a semblé découvrir le but jusque-là caché du voyage. Qui eût cru que des bâtisses de bois disposées au hasard de la configuration des rochers, construites à des fins strictement utilitaires et, au surplus, désaffectées, pourraient former un groupe si beau? C'était un sommet d'harmonie sans calcul, une nature morte supérieure à une toile peinte. Et pour qui aurait préféré regarder une toile peinte, il était possible de se dire que, dans cette vue des cabanes, Nicolas de Staël aurait saisi un point de tangence entre l'air et l'eau, entre le blanc, le bleu, le gris et le rouge, entre la figuration et l'abstraction.

---

3. Jean-Paul Kauffmann, «Les Landes», *Le Figaro Magazine*, 14 août 2010, p. 78.

MATHIEU ARSENAULT

LA CATHARSIS DU SIÈCLE

Les artistes et le déclin de la classe moyenne

Il y a de bonnes chances pour que tout le monde se sacre de ton petit poème. Que tout le monde se sacre de ton expo de photos, de ton vernissage, de ton film, de ton *show* de théâtre ou de ton petit groupe de rock, qu'il joue devant 40 ou devant 2000 personnes. Il y a de bonnes chances pour que tout le monde s'en sacre. Mais pas parce que ça n'a aucune valeur ce que tu fais. Ni parce que personne ne t'aime! Attends, c'est pas ça que je veux dire! Ah! il y a des chances qu'on s'en sacre plutôt parce qu'on voit en toi l'artiste avant d'apprécier l'œuvre. Et que le grand public ressent aujourd'hui l'urgence de cette représentation, il doit constamment se rassurer sur son existence. Il en va de la stabilité de l'ordre social.

Maudite relève, relève maudite

La quantité de gens œuvrant de près ou de loin dans le milieu culturel est aujourd'hui effarante. Et je ne parle pas uniquement des professionnels. La fréquentation à un moment de la jeunesse d'une forme ou d'une autre d'expression artistique a été à ce point intégrée dans l'imaginaire occidental qu'elle est peut-être en train de devenir un rite de passage. Qui n'a jamais, au moins une fois durant son adolescence ou sa vingtaine, assisté au spectacle amateur d'un de ses amis ou d'un de ses cousins? Ce phénomène est si important qu'on a créé un nom et une catégorie spéciale pour ces artistes, la relève, dans laquelle toute une société fonde, pour des raisons que j'essaierai d'expliquer ici, ses plus grands espoirs.

Quand on veut critiquer les artistes, on les accuse d'être des assistés sociaux de luxe. On les accuse de ne survivre que grâce au financement de l'État, alors que le contribuable, lui, travaille et paie des impôts pour autre chose que pour des spectacles ou des expositions qu'il n'ira pas voir, des films qu'il n'ira pas voir et des livres qu'il ne lira pas. Et quand on considère qu'il y a trop d'artistes, on pointe du doigt un vague problème de surfinancement public qui se réglerait immédiatement si on leur faisait subir les lois du marché. Mais c'est prendre le problème à l'envers : il n'y a pas d'artistes parce qu'il y a du financement, mais plutôt du financement parce qu'il y a des artistes. Et si plusieurs organismes effectivement financés en partie par les contribuables arrivent à donner l'illusion qu'une chose comme «le travailleur culturel» existe, ce financement est ridiculement disproportionné en regard de tous ces artistes à temps partiel qui constituent l'immense majorité du milieu culturel québécois. Loin d'être des «béesses» de luxe, les travailleurs du milieu culturel sont plutôt les professionnels les plus risibles du capitalisme occidental : s'ils travaillent, ils le font pour à peu près rien. Plus personne ne s'illusionne sur les possibilités à long terme de gagner convenablement sa vie dans ce milieu. Bon, j'ai fini avec les détails que tout le monde répète tout le temps. C'est maintenant que le fun commence.

Étrangement, si on observe un peu de quoi est constitué ce milieu culturel, on y trouve une grande homogénéité. La plupart des gens proviennent de la classe moyenne, très peu des classes défavorisées, très peu des populations migrantes, et très peu aussi, on s'en étonne, des classes supérieures qui devraient pourtant avoir été suffisamment et mieux exposées aux splendeurs monumentales des arts et de la culture. L'évidence est que les artistes proviennent, pour la plupart, de la classe moyenne, pour des raisons démographiques certainement, mais il y a peut-être plus. Serait-ce parce que la classe moyenne a su cultiver mieux qu'ailleurs l'intensité de la vocation d'artiste, cette prétendue lumière intérieure qui vous pousse à tous les sacrifices au nom de l'Art parce que VOUS, vous seul êtes en mesure de réaliser les ambitions qui bouillonnent en vous ? Pourquoi, sincèrement, toute une population aspirerait-elle aujourd'hui à la culture ?

La sociologie de l'art, Bourdieu en tête[1], propose une explication simple : la figure de l'artiste correspond à une stratégie d'ascension sociale, et ce, depuis l'émergence au XIXe siècle d'une société où le système des classes est plus perméable. On peut ainsi naître pauvre et aspirer par le travail acharné à une situation sociale supérieure. C'est le grand récit de l'époque moderne, de Napoléon au rêve américain. L'artiste n'est évidemment pas la seule figure d'ascension sociale. L'étudiant ou le jeune entrepreneur peuvent eux aussi prétendre à ce statut, mais l'artiste incarne une stratégie sensiblement différente qui explique son immense succès présentement, malgré l'absence de perspectives d'avenir dans le milieu culturel. Dans la figure de l'artiste, en effet, le capital symbolique se distingue du capital économique. Lui seul peut aspirer à la distinction sociale sans avoir au départ de moyens et sans même en avoir à la fin. Commencer pauvre, le rester, mais entre les deux devenir quelqu'un, sentir que toute cette énergie déployée au quotidien a malgré tout un sens pour quelques-uns, que ce ne sera pas perdu. C'est une aspiration modeste mais légitime.

Si la communauté artistique provient majoritairement ici de la classe moyenne, c'est peut-être justement parce que celle-ci a pris conscience de son irrémédiable déclin économique. On anticipe même son effritement et sa disparition à plus ou moins long terme. Un article sur Cyberpresse faisait ce constat au printemps 2010[2]. Il n'y a pas pire situation que celle d'un groupe qui prend conscience de son déclin. Et faire partie de la classe moyenne se résume plus ou moins à cela à l'heure actuelle. Le mouvement semble amorcé et on constate bien alentour, en plus de voir les salaires plafonner, que les conditions de travail se dégradent. Travailler plus pour gagner moins n'est pas qu'une boutade issue de la politique française, c'est la réalité frustrante de la plus grande partie des travailleurs québécois.

Et, comme si ça ne suffisait pas, on constate également qu'il est de plus en plus difficile de progresser socialement. Car la classe moyenne est en train de perdre aussi le pouvoir démocratique et social qui assurait la perméabilité des classes. Il devient presque impossible d'être admis dans une grande université, d'être invité à siéger aux conseils

1. Voir à ce sujet Pierre Bourdieu, *Les règles de l'art*, Paris, Seuil, 1992 et, surtout, *La distinction*, Paris, Éditions de Minuit, 1979.
2. Voir http://lapresseaffaires.cyberpresse.ca/economie/canada/201105/13/01-4399274-ecart-entre-riches-et-pauvres-le-fosse-se-creuse.php (consulté le 8 novembre 2011).

d'administration des grandes entreprises ou de pénétrer dans les clubs et les regroupements d'hommes d'affaires où se créent les liens entre le pouvoir économique et le pouvoir politique. Cette nouvelle classe sociale mondialisée, que Denis Duclos, sociologue et directeur de recherche au CNRS en France, appelle «hyperbourgeoisie», est anticapitaliste dans sa manière d'accumuler impunément l'argent sans le réinvestir dans la création de richesses ou de produits, elle est aussi antidémocratique dans sa tentative de prendre le contrôle de l'appareil d'État, et antisociale, car elle bloque systématiquement les échanges avec le reste de la population. L'hyperbourgeoisie est en train de faire entrer la société dans une phase de stratification impitoyable. Cette nouvelle classe a beau être démographiquement minoritaire, une partie de la population lui assure pourtant le contrôle politique et économique à l'heure actuelle.

Cette base militante, cynique et crédule, vit dans l'illusion qu'elle y gagnera au change quand la dernière trace de l'État-providence aura été éradiquée. Si elle provient elle aussi en grande partie d'une classe moyenne en plein déclin, elle n'en constitue pas le tout. Elle partage néanmoins le même éthos : une grande crise de conscience collective où l'on fait tout pour ne pas s'avouer que travailler ne veut plus rien dire. D'un côté, la classe moyenne sait que plus elle travaillera, moins elle gagnera, et, de l'autre, elle comprend aussi que l'avancement social est désormais devenu impossible.

Nous sommes entrés dans une période de déflation du travail où il serait peut-être préférable de ne pas travailler étant donné qu'on gagnera moins l'année suivante pour le travail équivalent. Quiconque travaille a plus ou moins conscience de cette poussée déflationniste du travail, et pour pallier cette situation, on se reporte sur des justifications morales de toutes sortes légitimant la poursuite d'une activité désormais dépourvue économiquement de logique. On continue de travailler pour sa famille, on le fait pour se payer des petites vacances au moins une fois par année, on le fait pour ne pas rester toute sa vie à loyer, on le fait parce que «personne ne le fera si on n'est pas là pour le faire», etc. On le fait, finalement, pour toutes sortes de raisons qui excluent désormais cette idée que le travail améliore les conditions de vie et, par là, nous donne un statut.

Cette crise est amplifiée par une autre prise de conscience plus ou moins nette que la classe supérieure s'enrichit impunément et qu'elle est en train de prendre le contrôle du pouvoir politique et social. Cette réalité semble encore confuse parce qu'on cache habilement les manifestations de la richesse. Il n'y a pas d'images pour un circuit d'abri fiscal, pas d'images pour une négociation à huis clos, pas d'images pour une réunion d'actionnaires et pas d'images non plus des réseaux sociaux de ceux qui siègent annuellement à trente ou quarante conseils d'administration d'entreprises. La classe moyenne ne voit jamais ce quotidien de la classe dominante, comme elle ne voit pas non plus comment elle pourrait faire pour renverser la prise de contrôle définitive à moyen terme de cette classe sur tout l'appareil de pouvoir.

La seule image positive qui reste, la seule image qui fait encore sens au milieu de ce qui apparaît comme un inévitable déclin, c'est l'image de l'artiste. L'artiste peut bien croire que son activité consiste à créer des œuvres, des propositions esthétiques ou des produits culturels, sa plus grande réalisation, et peut-être la seule qui justifie son statut aux yeux du grand public, c'est la possibilité qu'il représente pour quiconque d'échapper au déclin inévitable de son milieu.

Ainsi, l'artiste travaille bien, comme il l'a toujours fait, dans l'imaginaire et la représentation. Mais il ne le fait plus directement par l'expérience que procurent ses œuvres ou par le sens qu'on peut leur donner. Les productions artistiques font plutôt figure, pour le grand public, d'une caution de cette représentation autrement plus importante et signifiante de l'artiste lui-même, de ce corps où se disjoignent pour un instant capital symbolique et capital économique. Chaque artiste, pendant le bref moment où il est reconnu comme tel par le public, constitue ainsi une petite utopie collective, un écran où la classe moyenne se libère un instant du poids de son irrémédiable destin. C'est peut-être le sens qu'on peut donner à cette relève si foisonnante et si peu productive finalement d'œuvres : elle apparaît comme une surface de projection pour les fantasmes de tout un pan de la population en déclin, fantasmes d'accéder au capital symbolique, de devenir quelqu'un par la seule puissance de son talent, même sans moyens financiers, même sans lien d'appartenance familiale à la classe dominante. Ces fantasmes autour de l'artiste sont autrement plus satisfaisants pour la classe moyenne que l'art lui-même, qui n'arrive au mieux qu'à divertir ces foules de « boulimiques culturels » de leur propre condition.

Saccage d'imaginaire
Je sais pertinemment que les arts et la culture ne sont pas que cela. On peut trouver au milieu du fatras une expérience du sublime

interdite à tous les autres domaines de la réalité humaine qui me font croire que l'existence ne devient sensible qu'à partir de ce réseau tissé de quelque vingt-cinq siècles de documents et d'œuvres. Mais ce genre d'argument est risible pour la noblesse inculte de la Nouvelle Noirceur.

Que pouvons-nous ainsi répondre à ces populistes de droite qui tentent de discréditer toute forme de financement des arts? Quels arguments de marde nous faudra-t-il sortir pour arriver à les faire taire? Depuis trente ans déjà les idéologues de droite invoquent des arguments financiers pour justifier le maintien du soutien gouvernemental à la culture. Il serait triste d'y ajouter des arguments de contrôle et de sécurité, mais, parce que ces populistes antidémocratiques ne veulent rien entendre aux choses de la communauté, de la filiation, de l'imaginaire et du fantasme, nous sommes réduits à affirmer que, oui, les artistes contribuent probablement, à peu de frais et d'une manière positive, au maintien de l'ordre social. Comme surface de projection fantasmatique, ils empêchent la plus grande partie de la population de céder à ses propres pulsions de mort. La classe moyenne n'ose pas encore s'avouer qu'elle mourra dans le désœuvrement et la pauvreté, mais, à travers la figure de l'artiste, accepte qu'on puisse tout perdre et conserver un statut. Commencer pauvre, le rester, mais entre les deux avoir été quelqu'un, laisser une trace. C'est une aspiration modeste mais légitime. Et l'artiste est, de ce point de vue, un mal nécessaire.

En réduisant le financement de la culture, on ne fera certainement pas disparaître l'artiste, mais on fera disparaître son imaginaire. L'espace de la critique disparu, les œuvres perdent leur sens et deviennent des produits de divertissement conçus par des artisans qui n'ont plus ce pouvoir de projection que possède l'artiste. En faisant disparaître les lieux de la performance, on fait disparaître le spectacle de la présence de l'artiste, son corps où se fracture pendant un instant le lien entre le capital économique et le capital symbolique. Il y aura bien encore des artistes, mais ils retourneront dans l'espace privé des amateurs et des spécialistes qui, eux, n'ont rien à faire de cet écran où la classe moyenne se déleste de ses émotions, de ce qui restera peut-être la plus grande catharsis collective du XXIe siècle.

Saccager non pas les conditions matérielles et économiques des artistes (ils sont trop résilients pour ça) mais l'imaginaire de l'artiste ne peut contribuer, il me semble, qu'à l'accroissement du désordre social pour une classe moyenne en déclin. En lui retirant son imaginaire, on lui retirera ainsi le dernier rempart la protégeant de son aliénation définitive dans une société qui lui enlève peu à peu ses privilèges.

Pour finir, j'aimerais raconter quelque chose. Le père de mon père gagnait sa vie difficilement en colportant en Gaspésie des babioles de porte en porte, laissant à eux-mêmes ses quatorze enfants pour un salaire de misère. Mon père m'a d'ailleurs raconté souvent qu'il leur arrivait parfois, à lui et à ses frères, de voler pour manger. Comme dans Dickens! Le père de ma mère quant à lui bûchait l'hiver et cultivait l'été, sans relâche et sans confort, comme dans les romans du terroir. Et mes parents auraient sans doute été destinés à une vie aussi rude si le financement public n'avait permis l'établissement de la gratuité scolaire et que l'ouverture des gouvernements aux revendications des travailleurs n'avait permis de leur fournir des conditions incomparablement plus favorables que celles de leurs parents. Toute leur vie, mes parents ont pu conserver le même emploi dans des conditions qui leur ont permis de s'acheter une maison et d'élever leurs enfants.

Ce que je raconte là est d'un ennui, vous me direz. Il n'y a là rien d'original, c'est l'histoire de la Révolution tranquille, vécue presque de façon identique dans des dizaines de milliers de familles. Mais, comme des dizaines de milliers de personnes, je ne peux aspirer à mon tour à une telle stabilité, et ce, même après avoir terminé des études universitaires. Plus important encore : nous sommes des dizaines de milliers à avoir la même conviction du déclin de notre nom, de notre lignée. On dit aussi de moi que je suis un artiste. Comme des milliers d'autres. Il n'y a là rien d'original. Qu'on s'imagine maintenant ce qui se produirait si on réduisait progressivement les conditions économiques qui rendent possible le maintien de cet espace où nous retirons une quelconque forme de distinction non seulement pour nous, mais pour tout un peuple en crise. Je suis certain d'une chose : je n'accepterai pas de devenir colporteur comme l'était mon grand-père. Et encore moins bûcheron... Qui peut savoir de quel désordre, de quelles violences est capable toute une population désespérée sans statut ni moyens?

Je déteste qu'on dise de moi que je suis un artiste. J'aurais préféré faire autre chose, quelque chose comme de la littérature. Mais il y a de bonnes chances pour qu'on se sacre de mon petit poème.

N. B. Ce texte a été rendu possible grâce à une subvention du Fonds québécois de la recherche sur la société et la culture (FQRSC). Et je ne déconne pas, la figure de l'artiste comme fantasme social, c'est le sujet de mon postdoc en recherche-création! L'auteur tient à remercier l'organisme.

ROBERT RICHARD

CONFESSIONS D'UN ENFANT D'CHIENNE

On me croit ivre-né d'une famille mixte : père anglophone et mère francophone, quand ce n'est pas l'inverse. Mais ce ne fut pas mon cas. Mes parents baragouinaient à peine l'anglais. En fait, en bons Québécois, c'est à peine s'ils baragouinaient le français. Pour tout dire, je suis issu d'une famille sans langue — né pour le petit pain du mutisme. Les objets de la vie quotidienne n'avaient pas de noms, ils n'étaient pas nommés par nous. « *Passe-moé le chose* » (oui, *le* chose !), « *donne-moi l'affaire* », « *r'garde ça, là* »... La réalité se présentait à moi sous un visage anonyme — un gros mufle tout humide, tout chaud, à la respiration bruyante de gros bœuf effrayant... Il n'y avait, dans ma famille, que du générique. Les oiseaux, les plantes, les meubles, la batterie de cuisine, les fourchettes, les cuillères — enfin, tout de ce monde animé et inanimé était sommé de se ranger sous le terme le plus général possible : *chose* — et au masculin, s'il vous plaît. J'ai donc été, tout jeune, assujetti à la *choséité obtuse* du monde, vivant à même l'informe, le sans-nom. Je rampais le nez dans la « gluance », dans la glaire de la vie : tout n'était que grouillement obscur. Je suis né dans la poussière, parmi les insectes, les vers, les pucerons — en plein dans l'univers *bébite*, lieu propice (je ne le savais pas à l'époque) à la génération spontanée, du moins aux dires d'Aristote. Mais voilà, je n'étais qu'un petit morveux qui n'avait pas encore lu le grand philosophe. Pour l'instant, j'évoluais tout près — *trop* près — des corps, des odeurs, des sueurs — aisselles, genoux, seins, tétons, mains, doigts, cachotteries d'adultes sous les draps, lits, verre d'eau tiède sur la table de nuit, ronflements, cris rauques, cris de femmes dans la nuit, cris d'hommes, rires et pleurs, des rires comme des pleurs, et des pleurs comme des pleurs... Et moi, dans tout ça ? Eh bien, j'étais nu. Rien à me mettre sur le dos. Oh, j'avais des vêtements, ma mère en achetait à la tonne ! Je portais des habits de cow-boy, des jeans, des culottes courtes, des t-shirts avec des dessins d'animaux. Ce que je veux dire, c'est que je n'avais pas de mots à mettre entre ma peau et le monde : rien à intercaler entre mon monde intérieur et le monde *out there*. Pas de barrière, même pas une mince pellicule pour endiguer le flot, le flux, la marée haute venue du grand large. J'étais en contact direct avec l'humidité de la nuit — les araignées qui rampaient dans le noir —, en contact aussi avec la clarté aveuglante, la chaleur sèche, dure, du jour : les cailloux brûlants de la rue, la poussière de la Maine à Maniwaki-les-Bains. C'était *ça*, ma peau : la saleté nue de la terre, du sol. J'étais donc incapable de prendre mes distances par rapport à ce monde impudique, incapable de surfer, incapable de prendre de l'air. Je fus craché du vagin de ma mère sur un lit de mort où j'ai crié des années durant : «Arrachez-moi de *ce* qui m'entoure ! Enlevez-moi, éloignez-moi de ce qui s'agrippe à moi ! De ce qui colle à mon visage comme saint suaire suffocant !» Mais rien à faire : j'étais dans le «CECI» hégélien, pris, «pogné», soudé avec de la Crazy Glue à l'ordure du monde, fixé à ses couleurs (*j'étais* le rouge des abat-jour, le rose des murs de l'hôtel où j'habitais, le bois brun foncé de la rampe d'escalier, les marbrures du plancher)... d'où mon désir, beaucoup plus tard, de voler haut de mes ailes de cire jusqu'au puissant soleil des Idées, de la création, de la liberté...

Issu d'un tel milieu, d'une famille sans langue, il est normal que j'aie voulu en posséder à foison — et si possible, à la perfection. Je voulais être éloquent dans toutes ces langues ! Hélas, je ne suis devenu ni parfait en langues, ni éloquent de *speech*. Mais j'aurais signé, de ma dernière goutte de sang de vivant un pacte avec le Diable — moi, un tout petit Faust maniwakien en quête d'éloquence, de voix, de pointe de style. Eh oui, j'aurais signé n'importe quel document éternellement compromettant pour mon âme — j'aurais de mon hémoglobine pure et non contaminée paraphé, griffé, beurré n'importe quel sale contrat en mille copies se carbonisant ou carbonisées. Oh, pas pour connaître et posséder des centaines de corps de femmes (les Gretchen de mon imaginaire : je les ai eues, de toute manière, les *mille e tre*, avant d'avoir mes six ans)! Pas non plus pour qu'on me remplisse les poches de billets doux-amers imprimés dans les American Banks des grandes métropoles du Sud. J'aurais plutôt apposé ma signature sur le fumant *paperolle* du Diable pour posséder l'espèce vraiment sonnante et trébuchante de ces réalités (femmes, argent) : la langue!

«Donnez-moé une langue!» criai-je dans mon enfance de l'âge, à Dieu le Père et au ciel rempli d'anges. «Et tant qu'à faire, donnez-m'en donc deux!» rajoutai-je, tout gourmand. L'assoiffé et l'affamé de la langue que j'étais voulait ainsi manger, s'empiffrer au banquet de la parole et de l'écriture — *no wonder* que j'écrivais des contes à six ans (1952), sous la table à café du salon, chez mes parents. Mais tout ça est effacé maintenant, *gone with the fucking wind*. J'ai tout perdu de ces *one-pagers* d'antan. Je n'en conserve qu'un fragment de souvenir : «une météorite qui vient frapper à la porte d'un vaisseau spatial, le pilote de l'aéronef ouvre la porte...» Eh oui, les grands espaces, la choséité devenue sidérale!

J'avais grand faim et grand soif de mots. On m'a nourri de tout — de viande, de carottes, de pain, de desserts, de petits pois, de fruits —, de tout, sauf de mots. Il aurait fallu m'emmener chez le docteur, pour qu'il m'ausculte et qu'il entende ce silence qui battait au creux de mon thorax, à l'intérieur de mes poumons et jusque dans mon foie et dans ma rate et dans ma vessie. Le silence battait partout dans mon corps. Enfin, il aurait fallu qu'on me transporte à l'hôpital, vite, et qu'on me transfuse et qu'on me perfuse et qu'on me diffuse, directement dans les veines, des mots — des adverbes, des adjectifs, des complé-ments directs et indirects, des subjonctifs parfaits et imparfaits, des accords sûrs et infaillibles, des «s» et des «x» et des «e-n-t» là où il faut —, enfin qu'on me les envoie en plein dans les artères, qu'on me *shoote* la carotide de dictionnaires : les *Robert 1 et 2*, le *Larousse*, le *Quillet*, suivis du *Grevisse* (avec ses milliers de bons et de mauvais usages), et de tous les fascicules Hatier sur les pièges de la langue, sur les faux amis, sans oublier les mille deux cents verbes passés à la moulinette des conjugaisons...

Au fond, j'ai peut-être vécu sur le mode subjectif, en ce *p'tit cul* que j'étais *(p'tit Québécois)*, le dilemme du *Québec-grand-Cul* : comme collectivité, on massacre à coups de hache le peu de langue qu'on a, tout en cherchant à protéger à coups de 101 dalmatiens cette langue éprouvée, éreintée, bâclée... «Viande à chien!» se serait écrié Camille Laurin. Alors que mon cri à moi fut différent : je me suis écrié, éclaté, fendu en deux — en deux langues pour être précis, et en autant sinon plus de styles, de manières : l'essai, la fiction, l'enseignement, le débat, le bonheur de la langue parlée, *discutante*, déroutante de « doxes » et de paradoxes, de dictions et de contradictions, de poésie et de prose, de narration et de description — *oralléluiant!* Pas surprenant que l'écrivain que je suis devenu puisse vouer à la pendaison un jeune cancre coupable d'une faute d'accord — c'est le pas final du *Roman de Johnny*[1]. Pas surprenant non plus que je donne à ce Johnny la mission de gérer la fin du monde à coups de mots qui font voler en éclats les vitres des grandes fenêtres de son école.

Bref, cette façon qu'avait ma famille de malmener la langue ME TUAIT à petit feu. « *Le mot tue la chose* », dit Hegel — mais le manque de mots, leur absence, tue encore plus définitivement. Ça tue à répétition, ça te poursuit jusque dans tes derniers retranchements... ça te pourchasse, ça te traque, pour t'enlever la vie. Ça t'éviscère : ça t'enlève le viscéral que *t'as* à vivre, et ce, en partant — *from the fucking word « go »*. Commencer sa vie par la mort, *dans* la mort, faire que son premier respire soit aussi son dernier et passer le reste de sa vie essoufflé, sans souffle — *forget it!*

C'est de cette carence de mots, de cette absence de langue qu'allait naître mon écriture — du moins si on se fie au témoignage de Johnny. Jeune, je n'ai pas eu droit aux mots de la tribu. Soit! Je n'en ai donc pas été encombré! J'ai ainsi dû trouver *mes* mots, presque les inventer ou du moins aller les chercher n'importe où, dans toutes les langues s'il le fallait, dans *the world at large*, dans ma langue dite maternelle, mais aussi dans l'autre langue, l'anglais, pour dire le vide, pour dire l'absence de langue... Mais voici que je découvrais ceci d'inouï : *l'écriture n'est pas une langue*. Je peux être muet de langue(s), mais disert dans l'écriture. Voici que l'écriture, c'est ce qui dit la face cachée du vide : la secrète et enivrante vitalité du vide. L'écriture donne de l'altitude et permet de respirer l'air raréfié du vide. Elle permet de voir le vide comme empli de cumulus et de cirrus de la haute atmosphère... Car, paradoxalement, cette immédiateté vécue avec les choses du monde constituait, en même temps, un contact avec *de la* singularité pure. Ce monde était donc infiniment ouvert, divers, différencié — il suffisait de trouver les mots *écrits* pour dire ce chaos de sensations, ces éclats d'ombres et de lumières, ces odeurs poivrées. Les embrocher sur le fil de l'écriture. L'écriture : ce qui va chercher le

---

1. Robert Richard, *Le roman de Johnny*, Boulogne, Balzac-Le Griot, 1998. Également : *A Johnny Novel*, Toronto, The Mercury Press, 1997.

fond perdu des choses — l'âme de Johnny (avatar du saint Jean de l'Évangile) — pour le monter en épingle, le faire exister, le conduire à l'être. À la recherche non pas du temps perdu, mais du fond perdu, de la vie *avant* le langage, *sous* la langue, *sans* le langage...

Au commencement était... l'écriture.

À l'âge de six ou sept ans (l'âge de mon Johnny), je vivais dans un hôtel qui me tenait lieu de pays et de plaine *pleine* d'Abraham — s'y rencontraient régulièrement les frères Wolfe et Montcalm. Je ne connaissais rien de leur querelle, ne connaissant que mon vide *su'l'cœur*, en plein cœur de ce haut lieu du commerce international, grande place publique. Je réfère à cet hôtel du Maryland — en langue algonquine, Maniwaki signifie « terre de Marie » — où j'ai vécu mon enfance de p'tit christ en herbe, coincé entre des Marie-Madeleine *tou'nues* et la boisson à l'eau de rose qu'on te versait à flots comme pisse de sang dans de grands verres de taverne... Hôtel Central, que ça s'appelait. C'est parce que j'ai vécu là, dans ce coin de terre, que je ne suis ni Québécois, ni Canadien, ni Italien, ni Algonquin, et que je ne parle aucune langue — ni le français ni l'anglais. Né dans aucune langue, j'écris.

HORS DOSSIER
JEAN-PHILIPPE WARREN

L'AUTRE MATIN, EN LISANT *LA PRESSE*

Commémorations

Le gouvernement Harper aime les commémorations. C'est un gouvernement passionné de culture et d'histoire. Une série d'événements subventionnés sont annoncés pour les prochaines années par le fédéral. On fêtera ainsi en 2012 le jubilé de diamant de la reine Élisabeth II et le centenaire de la Coupe Grey. Cinq ans plus tard, en 2017, on fêtera le centenaire de la bataille de la crête de Vimy et le 75e anniversaire de la bataille de Dieppe, sans oublier le 25e anniversaire de l'Accord de libre-échange nord-américain. Les Canadiens auront alors l'occasion de se pénétrer de leur magnifique épopée. Ils apprendront qu'ils sont une colonie qui se passionne pour la guerre et le sport, et se draperont dans la fierté d'importer des travailleurs temporaires mexicains et d'exporter directement leur pétrole chez les Américains, grâce au pipeline Keystone. Jamais histoire nationale n'aura été si bien contée.

Une histoire de gars
Les amateurs de sensations fortes peuvent louer une Lamborghini
deux heures pour la modique somme de 3950 dollars. C'est du moins
l'offre d'un promoteur qui s'est installé en octobre 2011 sur le circuit
Mont-Tremblant. Maudite bonne idée. En cassant leur cochon, des
Québécois vont pouvoir enfin réaliser leur rêve. « Maintenant, déclare
Michel Auclair, je peux dire que je l'ai fait, je l'ai coché sur ma liste. »
Tout ce que ça prend, en effet, c'est un peu de pognon et une liste.

Marchand de mort

Viktor Bout est un marchand qui se soucie de ses clients. Il se décrit lui-même comme étant un « homme d'affaires honnête et consciencieux ». Son métier se borne à fournir les fusils d'assaut AK-47, les missiles sol-air, les munitions, les mines et les explosifs à qui veut bien lui passer des commandes. Ses partenaires vont des Casques bleus au Timor oriental à l'ex-dictateur du Liberia, Charles Taylor, en passant par les rebelles de l'UNITA. Les États-Unis l'accusent de trafic crapuleux. Lui prétend n'avoir été qu'un concurrent gênant pour un pays qui vend pour 46 milliards de dollars d'armes chaque année dans le monde. Dans sa prison new-yorkaise, il en profite, dit-on, pour relire Tolstoï. *Guerre et paix*, sans doute.

Un fléau

Trois femmes dans la cinquantaine ont confié à *La Presse* leur étonnement de trouver tant de «quêteux» dans le centre-ville de Montréal lors de leur dernière visite dans les rues branchées de la métropole. N'en pouvant plus, il leur a fallu à quelques reprises trouver asile dans des boutiques pour échapper à cet insoutenable harcèlement. L'affaire semblait assez grave pour être dénoncée dans les journaux. Même lors de son voyage au Pérou, affirmait l'une des trois femmes, elle n'avait jamais été l'objet de tant de sollicitations agressives. «Qu'est-ce qui se passe dans la belle ville de Montréal? Que doivent penser les touristes qui la visitent?» demandait-elle. Poser la question, c'est bien sûr y répondre. Les touristes qui voyagent en Amérique du Sud trouvent, eux, que la belle ville de Lima est beaucoup plus paisible. Au moins, là-bas, on n'a pas besoin de se réfugier à tout moment dans des boutiques hors taxes.

Violence

Un récent sondage révèle que 8 % des répondants de Mont-Royal perçoivent une menace dans l'arrivée de nouveaux immigrants, alors que le pourcentage grimpe à 60 % à Sainte-Agathe-des-Monts et à Val-David. C'est que les immigrants de Sainte-Agathe-des-Monts et de Val-David sont beaucoup plus violents.

Rectitude politique

Don Cherry est un affreux jojo. Au Québec, tout le monde le sait. C'est pourquoi François Gagnon, commentateur sportif, a décliné l'invitation de réagir aux commentaires de cet homme coupable d'aimer les bagarres au hockey. L'histoire, affirme fièrement Gagnon, emportera les propos belliqueux de ce «grand prêtre enlisé dans les courants de la Grande Noirceur». Il finira comme ceux qui s'opposaient jadis aux suffragettes ou aux partisans du ségrégationnisme dans le sud des États-Unis. «Car n'en déplaise à tous les Don Cherry de la Terre, les femmes ont finalement obtenu le droit de vote et le président qui dort à la Maison-Blanche n'a pas obtenu sa couleur de peau en multipliant les visites au salon de bronzage. Il y a donc de l'espoir pour le hockey...»

Salle de cinéma Céline-Dion

L'histoire raconte que, attendant son tour dans une des salles de l'hôpital Sainte-Justine, la productrice Denise Robert a eu un véritable « choc ». Comprenez bien : accompagnant sa petite fille MingXia, Denise Robert partageait entièrement les sentiments de son enfant qui se sentait peu rassurée par l'état défraîchi des lieux. Qui a déjà mis les pieds à Sainte-Justine (je suis du nombre) connaît l'aspect terrible, apocalyptique des longs corridors de l'établissement. « Ce fut un double traumatisme pour MingXia, confiait la maman. [...] L'hôpital la terrorisait. » Un bref coup d'œil aux autres jeunes patients de la salle d'attente a suffi à Denise Robert pour constater qu'ils étaient tous dans un « même état de panique ». Devant une situation aussi catastrophique, il fallait faire quelque chose. Et vite.

Denise Robert a alors une idée lumineuse. Pourquoi ne pas transformer l'amphithéâtre de l'hôpital en salle de cinéma ? « Ma fille adore regarder des films pendant la fin de semaine. [...] Je voulais que les enfants qui doivent se rendre à Sainte-Justine pour des traitements aient la même chance. » Elle convainc illico Daniel Lamarre, président et chef de la direction du Cirque du Soleil, ainsi que Marilène Blain-Sabourin, conceptrice de l'équipe du Cirque, de prêter leur concours à cet emballant projet. Céline Dion accepte généreusement de prêter son nom à la salle de cinéma. Les mécènes mettent tout en œuvre pour assurer la pleine satisfaction des enfants de Sainte-Justine, lesquels, même alités ou en fauteuil roulant, pourront se déplacer dans la salle de cinéma en toute sécurité. Des colonnes munies de prises électriques leur permettront même de continuer à recevoir leur traitement pendant la projection des films.

Le succès de cette « aventure » audacieuse est éclatant. Denise Robert peut être fière d'avoir semé un peu de bonheur dans le monde. *La Presse* en a fait sa Personnalité de la semaine. Il y a de quoi.

N. B. Tous ces faits sont tirés de *La Presse* du 11 octobre 2011.

OLIVIER CHOINIÈRE

L'ADMINISTRATION NOUS RONGE

Quand je dis nous, je veux d'abord dire nous les amis du Festival du Jamais Lu, nous les amis du théâtre, nous les comédiens, les musiciens, nous les artistes, les poètes, nous les prêcheurs et les convertis, nous tous dont ce n'est pas la job à priori de faire des budgets équilibrés.

L'administration nous ronge. Elle nous scinde, nous fractionne.

Dans mon corps il y a un metteur en scène et un directeur de compagnie, un auteur et un demandeur de subvention professionnel, un codirecteur artistique et un administrateur, un gestionnaire de projets et un spectateur. Tu me dis : Ça s'appelle la réalité de la survie. Je réponds que cette réalité porte un nom : trouble de la personnalité multiple. Quand sur scène quelqu'un parle tout seul, ça s'appelle un soliloque. Sinon, ça s'appelle de la schizophrénie.

L'administration nous désintègre. Elle nous fait perdre notre intégrité.

Ce qu'on a retenu de la cigale et de la fourmi, c'est l'insouciance de l'une, le pragmatisme de l'autre. Ce qu'on aurait dû retenir, c'est que ça prend une cigale pour faire une fourmi. On ne peut pas être les deux en même temps.

André Brassard a dit un jour : Quand les directeurs artistiques sont devenus codirecteurs généraux des théâtres, ça a été une erreur historique. Plus ils s'occupent d'administration, moins ils s'occupent d'artistique. Plus ils font de campagnes de financement, moins ils ont le temps de lire des pièces. Cela est d'une niaiseuse évidence.

Or l'administration ne fait pas que nous enlever du temps de création. Elle nous empêche de penser comme des artistes.

Je me souviendrai toujours de cette phrase de René Richard Cyr, jadis directeur artistique d'un Théâtre d'Aujourd'hui : Nous n'avons pas les budgets à la hauteur de nos rêves.

Ben quoi, câlisse ? Est-ce qu'on doit avoir maintenant des rêves à la hauteur de nos budgets ?

Je ne peux pas rêver à une pièce si je me dis en même temps que ça va coûter trop cher. Tu me dis : Ton exemple est primaire. Je te dis : Tu as raison, mais ce n'est pas ce que je me dis. En fait, je ne me dis rien. J'ai tellement bien intégré l'évidence que ça va coûter trop cher que le rêve d'une pièce qui pourrait coûter trop cher ne verra jamais le jour.

Je ne veux pas dire qu'une pièce de rêve serait une pièce coûteuse. L'argent n'est qu'un exemple parmi tant d'autres de l'administration.

Je dis que nous rêvons à ce qui est réel, nous rêvons à ce qui est possible, ce qui est absolument effrayant.

Le docteur l'a dit, nous souffrons d'une atrophie de l'imaginaire. On dit même déficit de l'imaginaire, ce qui me semble encore plus monstrueux non seulement parce que, pour désigner ce mal, on emploie un vocabulaire économique, mais parce que nous sommes maintenant en mesure de quantifier l'imaginaire. Ce qu'on considérait être sans limite est désormais une matière épuisable, non renouvelable et coûteuse.

Chaque année, Aux Écuries reçoit autour de 75 projets. Soixante-quinze projets déposés par 75 gangs pour la plupart constituées en compagnies avec des c. a., des lettres patentes et des logos *design*. Je dirai simplement ceci : Le mandat d'une compagnie n'est pas qu'une case à remplir dans un formulaire. Il s'agit d'un rêve, d'un désir, d'une envie, de tout sauf d'une formalité administrative. Tu me dis : Ah ! les jeunes ne veulent plus changer le monde, ils recrachent le discours d'entreprise sans s'en rendre compte. Je te dis : Quand je suis sorti de l'École, il y avait encore des artistes qui défendaient leur art. La relève d'aujourd'hui n'a plus de modèles, seulement l'exemple d'un milieu rempli de gens affairés, entreprenants, hyper « bookés » et efficaces qui se retrouvent à la tête d'institutions comme s'il s'agissait d'une *gig* parmi tant d'autres en attendant d'aller faire leur million au Cirque. Mais d'ici là ils lanceront leurs saisons et rempliront leurs demandes de subvention en invoquant « la liberté », en défendant « la prise de parole », en appelant le peuple aux barricades, comme si le théâtre constituait le dernier rempart contre la maudite machine qui nous avale, alors qu'elle nous a mangés, digérés et chiés depuis longtemps.

Aujourd'hui, on parle des « vraies affaires ». Ce qui veut dire qu'on parle des affaires tout court. Quand les artistes descendent dans la rue, c'est pour réclamer plus d'argent. Ils le font d'ailleurs très bien, ayant parfaitement intégré la langue de l'administrateur, du gestionnaire et du banquier. Ils font la preuve que l'État peut leur donner plus d'argent sans craindre qu'il soit dépensé n'importe comment, puisqu'ils sont aussi administrateurs. Ils font également la preuve que l'art, que le discours artistique n'a plus de valeur, plus de poids sur la place publique. Quand les artistes descendent dans la rue, c'est pour réclamer plus d'administration. C'est pour chanter à la gloire de la comptabilité.

Quand on parle de risques artistiques, c'est dans des tables rondes animées par Michel Vaïs pour la revue *Jeu*. Sinon, nos risques sont financiers.

Voici d'ailleurs des chiffres.

99 % des pièces que je vois sont de bons produits professionnels qui ne mettent pas en scène des textes, mais des demandes de subvention. Qu'est-ce que ça veut dire ? Ça veut dire que 99 % des pièces que je vois sont l'explication d'une intention et donc la mise à mort de la surprise, de l'étonnement et de la vie.

99 % des pièces que je vois ne sont que leurs affiches, ne sont que leurs mots dans le programme, ne sont que leurs prépapiers, ne sont que leurs demandes de subvention selon les lignes directrices, c'est-à-dire que ces pièces ne sont que ce qu'on avait dit qu'elles seraient un jour. Tu me dis : Arrête de chialer. Nous avons la chance de vivre dans un pays dont l'État finance les arts. Je dis : Nous avons le malheur d'être devenus des professionnels qui font des produits qui correspondent en tout point à la publicité.

Si l'art a quelque chose à voir avec la révolte, nous vivons dans un pays où on demande la permission de se révolter, et ce, deux ou trois fois par année.

Il reste une mise en scène à faire des *Belles-Sœurs*, où ce ne serait plus des ménagères qui colleraient des timbres, mais des artistes en attente de réponses de subvention, jalousant celui qui a obtenu sa bourse (au montant d'ailleurs dérisoire).

Olivier Kemeid disait aux Seconds États généraux du théâtre : Nous avons fait tout avec rien. Nous faisons beaucoup avec peu. Mais que faisons-nous au juste? De quelle manière nos structures de financement, si pauvres soient-elles, conditionnent-elles notre manière de penser? Que ferions-nous avec plus? Améliorer nos conditions de création? Faire de meilleurs *shows*? Que veut dire «meilleurs»?

De quoi parlons-nous? Qu'avons-nous à dire?

99 % des pièces que je vois me parlent d'administration, c'est-à-dire qu'elles me parlent de l'économie d'un milieu, de positionnements stratégiques, de direction des théâtres, de volonté d'avoir l'air professionnel, elles me parlent budget d'après la grosseur du décor et la cherté des costumes qui font la preuve que l'art, oui oui, ça a de la valeur.

99 % des pièces que je vois me parlent de politique de diffusion et de public cible, jamais celui qui se trouve dans la salle. Le public ne se réduit pas à un public cible, surtout pas celui fantasmé par le milieu du théâtre, c'est-à-dire un public qui a l'âge mental d'un enfant de cinq ans portant un casque en tout temps avec une veste fluo pour ne pas se perdre dans le noir. Et encore, je suis méchant avec les enfants de cinq ans en les associant à ce public imaginaire : ce fameux spectateur moyen dont nous parlons entre nous d'un air professionnel et entendu et qui est, rappelons-le, une invention marketing des années 1980. Trente ans plus tard, le théâtre fait face à une multitude qui est tout sauf normative.

Qu'advient-il du 1 % des spectacles qui échappent à l'administration? Il s'agit soit de miraculeuses exceptions, soit de spectacles totalement imparfaits, bancals, qui ont complètement dépassé ceux qui les ont faits et qui, par là même, ont échappé à la conscience de l'administration. Les spectacles qui disent entièrement autre chose que ce qu'ils étaient supposés dire, mais qui ont au moins le mérite de dire quelque chose.

Tu me dis : Si ça va si mal, comment se fait-il que les salles soient pleines? Je te dis : C'est bien la preuve que les gens ont besoin de théâtre, même pauvre, même tiède, même vide.

L'administration nous ronge, la fonctionnalité, l'efficacité nous dévorent.

L'auteur dramatique, n'est-ce pas, serait cette personne possédée par le génie de la langue et qui, dans une sorte de transe coïtale appelée inspiration, écrit des mots. Il se réveille, la pièce est née. Alors qu'écrire, c'est long. Écrire, ça prend du temps. Écrire, c'est précisément nous battre contre notre propre désir de répondre à notre administration interne qui nous somme d'être efficace, rentable et productif. Écrire, c'est réécrire jusqu'à faire dire aux mots ce qu'on veut leur faire dire, parce que la langue, tiens donc, dépasse souvent notre pensée et nous emporte parfois loin d'elle.

L'administration me fait vomir quand je demande 5000 dollars au Conseil des arts de Montréal et que j'ai l'impression que je ne serai pas jugé sur la qualité artistique du projet, mais sur ma compréhension du logiciel Excel. L'administration me tue quand elle détermine mon «processus créatif» et que je m'aperçois que j'ai abandonné tout un pan de ma «démarche artistique» parce qu'elle était trop multidisciplinaire pour le théâtre, trop théâtrale pour le multidisciplinaire. Ce n'est pas au Conseil des arts ni au jury de pairs de décider si ce que je fais est du théâtre ou non, tabarnac!

L'administration nous rend absolument cons quand on se retrouve en réunion et qu'on la passe à gérer Skype, iCal et Doodle. L'administration nous fait faire des *burnouts* à même pas 30 ans quand on fait de tout en création, sauf de la création. L'administration nous troue le cœur et cette fin de semaine nous irons au chalet gérer nos émotions et travailler notre couple.

Si seulement l'administration pouvait nous ronger comme la rouille ronge le métal, de l'extérieur, en surface, en nous laissant des taches rouges et rugueuses, palpables et bien visibles. Les malades seraient immédiatement reconnus. On pourrait les mettre en quarantaine et les soigner. Mais l'administration nous ronge comme les termites rongent l'arbre, en le traversant de part en part, en le vidant de toute substance, de toute consistance, de toute vie, en le laissant debout mais mort.

ICI TOUT COMMENCE

VOUS N'ÊTES PAS LE COMMUN DES MORTELS. VOUS N'ÊTES PAS LA PLUPART DES GENS. VOUS N'ÊTES PAS LA MINORITÉ VISIBLE. VOUS N'ÊTES PAS LA MAJORITÉ. VOUS N'ÊTES PAS LA MASSE SILENCIEUSE. VOUS N'ÊTES PAS UN QUIDAM. VOUS N'ÊTES PAS UN CITOYEN LAMBDA.

DAVID LAVOIE
Je ne suis pas le résumé de mon curriculum vitæ.
Je ne suis pas un carriériste.
Je ne suis pas le centre du monde.
Je suis en quête des idéaux que nous avons égarés.
Je marche pour retrouver les fondements de notre collectivité.

Nous ne sommes pas immortels et la médecine ne fera jamais de
   nous des dieux.
L'économie de marché n'est pas un projet de société.
La consommation effrénée ne nous rendra pas plus heureux.
La liberté ne viendra pas à 55 ans.

L'individualisme, le conformisme et la passivité sont les fléaux de notre époque. Qu'attendons-nous ? Que craignons-nous ? Que faisons-nous ?

Chaque génération est un théâtre de révolutions.
Par-delà les générations, il y a des filiations à trouver.
Et par-delà les filiations, il y a une société à inventer.

La coopération est le moteur de notre cohésion.
La langue française est notre fierté.
Le monde dans lequel nous vivons est complexe et changeant.
L'art nous est nécessaire pour l'appréhender.
Il y a un théâtre de possibilités à explorer.
Il y avait un théâtre à fonder.
Bienvenue Aux Écuries.

**VOUS N'ÊTES PAS UN USAGER. VOUS N'ÊTES PAS UN CONTRI-
BUABLE. VOUS N'ÊTES PAS UN PAYEUR DE TAXES. VOUS N'ÊTES
PAS UN BÉNÉFICIAIRE. VOUS N'ÊTES PAS UNE PERSONNE SUR
QUATRE. VOUS N'ÊTES PAS LE MEMBRE D'UN RÉSEAU. VOUS
N'ÊTES PAS UNE CASE À COCHER.**

MARCELLE DUBOIS
L'existence ne se résume pas en 140 caractères.
L'art n'est pas un *pitch* de la vie.
« L'occupation du territoire » n'est pas un nom de ministère
Mais un désir.
Aux Écuries est ce désir qui m'envahit.

Je suis le réceptacle de ce qui s'agite et se gonfle :
Un quartier, une ville, une identité,
Un rassemblement ancré dans le temps.

Je suis nous.
Nous n'avons pas peur du voisin.
Nous refusons la neutralité qui nous place hors de la mêlée.
Nous croyons en ce mot simple : rencontre.
Nous sommes une aspiration joyeuse
Et dansante
Où je
Nous
Occupons le territoire par la force du rassemblement.
Bienvenue Aux Écuries.

VOUS N'ÊTES PAS LE CONSOMMATEUR TYPE. VOUS N'ÊTES PAS LE COMPORTEMENT DU JEUNE 18-35. VOUS N'ÊTES PAS SERGE. VOUS N'ÊTES PAS UN CLIENT.

SYLVAIN BÉLANGER
Je suis insatisfait et obsessif,
Alarmé et insouciant,
Changeant, épars et inquiet.

Mes défauts m'intéressent davantage que mes qualités.
Mes habitudes me fatiguent.

Je n'écoute plus les nouvelles,
Seulement les voix discordantes
Auxquelles se mêlent la mienne et la vôtre.

Je transporte des rumeurs.
Je traîne les idées d'hier,
Mais voudrais inventer celles de demain.

Je suis prêt à troquer un futur personnel
Pour un avenir collectif.

FRANCIS MONTY
Nous sommes sept,
Mais nous ne parlons pas d'une seule voix.
Nous ne sommes pas un chœur.

Je ne cherche pas le consensus.
Je ne fonde pas une église.
Je ne fonde pas un parti politique.
Je fonde une agora, une arène, un terrain de rugby.
Bienvenue Aux Écuries.

VOUS N'ÊTES PAS LE GRAND PUBLIC. VOUS N'ÊTES PAS LE PUBLIC CIBLE. VOUS N'ÊTES PAS UN INITIÉ. VOUS N'ÊTES PAS LE MILIEU.

OLIVIER DUCAS
Les artistes : ah !

Non, nous ne sommes pas différents.

Nous sommes comme la boulangère, l'architecte, la neuropsycho-
logue, le plombier, le chercheur et le mineur : nous sommes
des spécialistes.

Je peux bien parler de ma fin de semaine, de mes amis célèbres,
Faire des blagues d'initiés sur mon costume, me pâmer sur mon
propre statut
Et appeler l'animateur de l'émission par son petit nom.
Je peux participer au bruit du monde.
Mais si l'on m'interroge, je préfère parler de mon travail.

Mon travail, c'est la parole, la forme, le sens.

À l'illusion, je préfère l'allusion.
À l'identification, je préfère la réflexion.

Je ne cherche pas à faire disparaître les fils.
Je cherche à montrer les engrenages,
Ces drôles de ressorts qui nous animent.

SYLVAIN BÉLANGER
Si vous pratiquez ce métier, c'est parce que vous n'êtes pas tranquille,
Parce que vous êtes authentique en voyage,
Parce que vous vous parlez à vous-même à la maison,
Parce qu'il vous est impossible de faire autre chose,
Parce que vous êtes en mission.

Alors,
Vous êtes ici chez vous.
Bienvenue Aux Écuries.

OLIVIER CHOINIÈRE
Le contenant dit quelque chose. Les murs parlent.
Ce théâtre se doit d'être un porte-voix et non un joli bâillon de
briques et de verre.

FRANCIS MONTY
Je ne suis pas à plaindre.

Je ne suis pas à encourager.
Je ne suis pas à aider.
Je ne suis pas un profiteur.
Je ne suis pas un paresseux.
Je ne suis pas un parasite.
Je ne suis pas un génie
Ou un héros
Ou un poète maudit.

Je n'écris pas une fois pour toutes.
Je ne pense pas une fois pour toutes.
Ma vie n'est pas une version finale.
Ce manifeste n'est qu'une esquisse.

OLIVIER CHOINIÈRE
Je suis convaincu d'une seule chose :
Les mots, les gestes,
Les silences, les regards,
La présence, nous transforment — biochimiquement,
Infimement, infiniment.

Je ne suis pas un entrepreneur spécialisé en produits culturels.
Je ne suis pas un vendeur de tickets.
Je ne suis pas le moteur d'une industrie ni le camion d'une carrière.

FRANCIS MONTY
Je suis un artiste et je fais mon travail.

OLIVIER CHOINIÈRE
Je creuse comme je peux une surface lisse et polie.

FRANCIS MONTY
J'allume des feux : brasiers, foyers, lanternes, tisons, bougies.
Bienvenue Aux Écuries.

VOUS N'ÊTES PAS LE SPECTATEUR MOYEN. VOUS N'ÊTES PAS LE MONDE ORDINAIRE. VOUS N'ÊTES PAS MADAME TOUT-LE-MONDE. VOUS N'ÊTES PAS UN ABONNÉ. VOUS N'ÊTES PAS MADAME DE LA RUE PANET.

OLIVIER DUCAS

Soyez exigeant !

Notre travail est d'ouvrir le champ des possibles.

Ceux qui voient des oranges bleues ont le devoir de les dépeindre.

OLIVIER CHOINIÈRE

Dans notre budget, le calcul est simple.

Plus de coups de poing sur scène, moins de violence dans les rues.

Plus de radicalité dans nos textes, moins de despotes au pouvoir.

Plus d'imaginaire au théâtre, moins de vide dans nos vies.

Bienvenue Aux Écuries.

VOUS N'ÊTES PAS LE T-SHIRT QUE VOUS PORTEZ. VOUS N'ÊTES PAS UNE CIBLE. VOUS N'ÊTES PAS UN PROFIL. VOUS N'ÊTES PAS CE QU'ON DIT DE VOUS. VOUS N'ÊTES PAS CE QUE VOUS AVEZ.

ANNIE RANGER

Je ne suis pas propriétaire.

Je n'ai pas de terrain.

Je n'ai pas de chalet.

Je n'ai pas de piscine.

Je n'ai pas de dette.

Je n'ai pas d'assurance.

Je n'ai pas de vélo, pas d'auto, pas de condo.

Je n'ai pas de cinéma maison.

Depuis septembre, je n'ai même plus la télé.

Alors je ne vous parlerai pas pendant des heures de ma dernière
   acquisition,

Ni de l'agencement des nouveaux meubles de mon salon,

Ni de ma machine à expresso,

Ni de ma laveuse à chargement frontal.

Je n'ai rien à moi.

Je ne rêve pas de posséder des objets.

Je ne suis pas ce que je possède.

Je ne mange pas de publicité.

Je me nourris d'éphémère, d'intensités, de profondeurs, de
   déséquilibres,

De surprises et de respirations collectives.
Je marche parmi la foule, d'où je parle en moi de nous, à vous.

La vie n'est pas une garantie prolongée.
Et le monde est trop petit pour avoir son chacun chez soi pour soi
tout seul.
J'ai besoin d'un théâtre plus que d'un condo.
Bienvenue Aux Écuries.

EST-CE QU'ON PEUT DEVINER LA DESTINATION DE QUELQU'UN
À SA MANIÈRE DE MARCHER? EST-CE QU'ON PEUT SAVOIR
QUI NE DORT PAS LA NUIT À SA FAÇON DE TREMBLER? POUR-
QUOI CHERCHER À LE SAVOIR? POURQUOI TUER LE MYSTÈRE?
POURQUOI ARRIVER AVANT D'ÊTRE ARRIVÉ? POURQUOI VOU-
LOIR CONNAÎTRE LA FIN DE L'HISTOIRE AVANT MÊME QU'ELLE
SOIT COMMENCÉE?

MARILYN PERREAULT
Je suis là où j'ai espéré être sans le savoir.
J'y ai trouvé plus que ce que j'espérais.
Ici, je ne suis déjà plus celle que j'étais.
Pourtant...
Je ne m'appelle pas Céline Dion.
Je ne m'appelle pas Britney Spears.

OLIVIER DUCAS
Le vedettariat n'est pas mon métier.

MARILYN PERREAULT
Je ne m'appelle pas Bill Gates.

FRANCIS MONTY
Je ne veux pas réussir.
Le succès n'est pas une valeur en soi.

OLIVIER DUCAS
Je ne crois pas que Borges aurait dû faire partie du *top ten*.
Il y a d'autres voix, fragiles et nécessaires.

MARILYN PERREAULT
Je ne m'appelle pas *Occupation double*.
Je ne m'appelle pas Che Guevara.
Je ne m'appelle pas Walt Disney.
Je ne fais pas de rêves surgelés.
Je n'ai jamais eu trois flashs d'appareils photo en même temps sur
    ma face.
Je ne suis pas dans le dictionnaire des noms propres,
Mais j'ai construit quelque chose de plus grand que moi.
Pourtant...
J'ai peur de tout.
J'ai peur des contrats.
J'ai peur de signer en bas.
J'ai peur des choses qui ne durent pas.
J'ai peur de dire : oui, je le veux.
J'ai peur d'écrire ces mots-là.

FRANCIS MONTY
Je ne suis pas seul.
Nous sommes sept,
Sept millions,
Sept milliards.
Partout, des voix divergentes au milieu du bruit.

MARILYN PERREAULT
Ensemble, j'ai moins peur.
À plusieurs, je vois plus loin que le bout de mon nez.
Ici, je suis à la bonne place pour voir le monde en face.
Bienvenue Aux Écuries.

VOUS NE GAGNEZ PAS VOTRE TEMPS. VOUS NE GÉREZ PAS
VOS ÉMOTIONS. VOUS NE DONNEZ PAS VOTRE 100 %. VOUS
NE COMPTEZ PAS VOS AMIS. VOUS NE TRAVAILLEZ PAS SUR
VOTRE COUPLE. VOUS NE VENDEZ PAS VOTRE ÂME. VOUS
N'ÊTES PAS EN DEMANDE. VOUS N'ACHETEZ PAS L'IDÉE. VOUS
NE PRODUISEZ PAS DE LARMES. VOUS N'ÉPARGNEZ PAS VOTRE
SALIVE. VOUS N'ÉCONOMISEZ PAS POUR PLUS TARD. VOUS
N'ACHETEZ PAS DÈS MAINTENANT. VOUS NE CONSOMMEZ PAS
DE L'ART PARCE QUE LA VIE N'EST PAS UN PRODUIT. BIEN-
VENUE AUX ÉCURIES.

OLIVIER CHOINIÈRE

Ce théâtre n'est pas une business rentable ni un terrain privé.
C'est une bibliothèque, un parc, un coin de rue, un coin de table,
Un espace public où l'on passe, où l'on traîne, où l'on reste.
Ce théâtre est à vous.

VOUS ÊTES L'INSAISISSABLE MULTITUDE. VOUS ÊTES L'INVIN-
CIBLE MYSTÈRE. VOUS ÊTES CE QUI N'EXISTE PAS ENCORE.
VOUS ÊTES LE SEUL À LE DIRE ET PLUSIEURS À LE PENSER.
VOUS ÊTES LE SILENCE AVANT LE CRI. VOUS ÊTES LA COLÈRE
QUI MONTE. VOUS ÊTES LES YEUX FERMÉS. VOUS ÊTES LE RÊVE
ÉVEILLÉ. VOUS ÊTES L'IMPOSSIBLE IMAGINÉ. VOUS ÊTES LA
NÉCESSITÉ DE CRÉER. VOUS ÊTES L'UTOPIE D'UN LIEU. VOUS
ÊTES LE CŒUR DE LA CITÉ. VOUS ÊTES LE FIL D'ARRIVÉE À
JAMAIS FRANCHI. BIENVENUE AUX ÉCURIES.

ICI TOUT COMMENCE.

PHILIPPE GENDREAU

LE THÉÂTRE D'UNE GÉNÉRATION

J'ai rencontré David Lavoie, Annie Ranger et Sylvain Bélanger, trois des fondateurs du théâtre Aux Écuries, dans leur tout nouveau Centre de création. En arrivant sur les lieux, j'ai été étonné, troublé même, de constater que l'endroit était encore en rénovation. J'avais en effet assisté à l'inauguration deux semaines auparavant et le chantier, alors, m'avait semblé bel et bien terminé. Magie du théâtre, sans doute... Ces travaux cadrent pourtant bien avec l'esprit du lieu, tant celui-ci a pour volonté de remodeler les structures de la production théâtrale, de même qu'avec ses directeurs qui se méfient des étiquettes comme de toutes les mises en boîte.

Je voulais absolument rencontrer les fondateurs des Écuries : tout au long de la soirée d'inauguration, j'avais été habité par le sentiment d'assister à un moment important de la vie culturelle québécoise. Je le précise, car je demeure souvent suspicieux face aux projets d'infrastructures culturelles. Selon moi, si les gouvernements ont mis autant d'argent depuis trente ans dans les infrastructures culturelles, c'est parce que cela leur permet de rediriger une grande partie du budget de la culture vers les entreprises de construction plutôt que vers les artistes. Il faut dire que depuis les années 1980, ces derniers ont perdu le rôle politique qu'ils ont joué au cours des deux décennies précédentes, alors que les entreprises de construction et de génieconseil ont su, pour leur part, conserver les liens, aussi tissés serré que naturels, qui les unissent à la classe politique...

Un théâtre, une salle de concert, un agrandissement d'une bâtisse se justifient plus aisément politiquement qu'une robe de viande ou une toile monochrome... Avec la construction d'un théâtre, nous sommes davantage dans la «rhétorique de l'autoroute» dont les politiciens, depuis Duplessis, connaissent la valeur politique. Il leur est plus difficile de tirer profit d'une aide donnée à des artistes pour leurs créations... Le résultat en est incertain et peut également s'avérer moins rentable à long terme qu'une belle bâtisse. De plus, dans le cadre d'une aide directe à la création, le «retour sur investissement» du subventionnaire se résume souvent à une mention discrète dans les dernières pages d'un programme ou à un logo tout au bas d'une affiche. C'est bien mince pour une classe politique qui gouverne l'État comme une entreprise privée et pour qui un «retour» capitalisable est essentiel à tout «don» ou toute «aide gouvernementale»... d'autant que cette logique de rentabilité est maintenant intégrée par les journalistes, les commentateurs, la population en général et même une bonne part de la «communauté artistique». On comprend, dès lors, qu'au-delà des affinités naturelles du milieu de la construction et de la classe politique, c'est notre conception commune de l'État qui nous mène «naturellement» à soutenir les projets d'infrastructures... même culturelles.

Malgré mes réserves envers les nouvelles infrastructures culturelles donc, j'ai assisté à l'inauguration des Écuries avec le plus vif intérêt et la plus grande sympathie. D'abord, parce que le manifeste qui a tenu lieu de discours inaugural était empreint d'un souffle et d'une volonté concrète et réelle d'agir. La parole, enfin, avait ce soir-là plus de poids que le béton. Il y avait en effet dans ce texte lu par tous les directeurs artistiques et le directeur général une énergie du refus des façons de faire habituelles, de même qu'une volonté de se positionner autrement au sein de la scène théâtrale montréalaise. C'était pertinent. Et c'était nécessaire.

Rappelons qu'Olivier Choinière (L'Activité), Sylvain Bélanger (Théâtre du Grand Jour), Marilyn Perreault et Annie Ranger (Théâtre I.N.K.), Francis Monty et Olivier Ducas (Théâtre de la Pire Espèce), Marcelle Dubois (Théâtre les Porteuses d'Aromates et le Festival du Jamais Lu) et David Lavoie (directeur général des Écuries, et directeur administratif du Théâtre de la Pire Espèce et du Festival du Jamais Lu) forment l'équipe qui a porté et réalisé ce projet.

Philippe Gendreau — Pourquoi vous fallait-il fonder un théâtre? N'y avait-il pas de place pour vous dans ceux qui existent déjà?

Sylvain Bélanger — En 2005, au moment où nous avons commencé à travailler sur le projet des Écuries, les salles annexes des grands théâtres n'existaient presque pas. La salle Jean-Claude-Germain du Théâtre d'Aujourd'hui n'était pratiquement pas utilisée, la deuxième salle d'ESPACE GO non plus, et La Petite Licorne était tellement petite qu'elle ne pouvait accueillir que de minuscules productions. De plus, les conditions de production des artistes de la relève étaient bien souvent déplorables, puisqu'elles relevaient constamment de compromis. Les horaires étaient ainsi essentiellement déterminés par celui de la salle principale, et quand on répétait, il ne fallait pas faire de bruit... Et puis, dans les trois quarts des cas, les pièces étaient présentées dans des salles de répétition transformées à peu de frais en salles de spectacle, aux dates qui restaient... À la longue, ce genre de situation rend tout simplement fou.

Annie Ranger — Le Théâtre I.N.K., pour sa part, ne s'est jamais senti exclu, mais nous souffrions de ne pas être accompagnés... Car si nous avions besoin d'espaces de création, de bureaux, d'une attachée de presse, d'un comptable, etc., nous avions aussi besoin d'être accompagnés dans nos démarches par l'équipe qui nous accueillait. Malheureusement, nous étions livrés à nous-mêmes, ce qui n'est évidemment pas idéal lorsqu'on commence son parcours artistique. Je me souviens qu'un des spectacles que nous avions montés avait connu un beau succès. Dans la salle annexe que nous occupions, il y avait en effet foule pour nos 30 représentations. Malgré ce succès, nous n'étions pas complètement satisfaits du résultat, car le lieu ne nous permettait pas d'aller au bout de notre démarche, ne serait-ce qu'en ce qui concerne la scénographie.

P. G. — Et malgré le succès, vous ne sentiez pas qu'il y avait une possibilité de reprise dans la grande salle?

A. R. — Non.

P. G. — Est-ce qu'il y avait des discussions à ce sujet?

A. R. — Non, mais il faut comprendre que les saisons théâtrales sont tellement programmées d'avance que les directions n'ont pas la souplesse nécessaire pour réagir rapidement à un succès.

S. B. — Pour ma part, la notion même de « salle annexe » a fini par m'écœurer. Parce qu'il y avait « la programmation » et, en marge, « la petite salle des jeunes qui font leurs mauvais coups ». Aux Écuries, tous les spectacles sont traités sur un pied d'égalité. Tous les spectacles se retrouvent sur la première page du site Web, et non sur la quatrième que tu finis par trouver si jamais tu fouilles bien.

David Lavoie — Ce qui nous distingue, c'est que nous mettons, en effet, les deux salles de notre programmation sur le même plan, mais nous préconisons aussi une autre conception de la relation du public aux œuvres. Aux Écuries, le résultat d'un laboratoire est aussi important qu'un spectacle achevé. Toutes présentations publiques sont ainsi traitées sur un pied d'égalité. Pour le dire autrement, nous ne croyons pas à la notion de « produit fini » en art. Une représentation théâtrale, c'est pour nous la jonction d'un public et d'une présence sur scène. Et ça, ça ne peut être que le résultat d'une exploration continue. Lorsqu'une troupe va ailleurs, elle peut rarement faire un travail de recherche dans une salle de qualité, car le temps dont elle dispose est limité à la semaine d'entrée en salle et aux trois semaines de représentations. Ici, nous avons de l'espace et du temps à la disposition des artistes qui souhaitent approfondir leur démarche, à des tarifs adaptés à leur réalité économique.

P. G. — Mais est-ce que vos productions étaient prêtes à subir le feu des grandes salles ? Vous dites que vous faites un théâtre de recherche, mais il y a déjà des théâtres qui y sont dédiés. Le TNM et Duceppe n'en sont pas, ils travaillent essentiellement le répertoire. Mais le Quat'Sous, Espace Libre, la salle Fred-Barry, le Théâtre d'Aujourd'hui, La Licorne sont quand même, il me semble, des théâtres ouverts et dédiés à ces pratiques...

S. B. — Bien sûr, mais même lorsqu'on parle de « théâtre de recherche » dans le milieu, on a souvent tendance à se limiter au théâtre à texte. Cependant il y a plusieurs autres types de démarches exploratoires : le théâtre d'ombres, de marionnettes, d'images, etc. Aux Écuries, c'est donc un laboratoire pour tous ces différents types de pratiques.

P. G. — Et cette difficulté à accueillir d'autres types de théâtres que le théâtre à texte, est-ce un problème de direction artistique?

S. B. — C'est une question délicate...

D. L. — C'est une question extrêmement délicate. Dans les années 1970-1980, des Jean-Denis Leduc, Robert Gravel, Jean-Pierre Ronfard, etc., ont choisi de ne pas répéter, de ne pas refaire ce qui se faisait déjà. Cela a donné la LNI, Espace Libre, le Nouveau Théâtre Expérimental (NTE), La Licorne. Le théâtre Aux Écuries est, en quelque sorte, l'héritier de ces gens-là, ou, à tout le moins, de leur volonté d'explorer autre chose. Cela dit, ce n'est pas parce que nous souhaitons aller vers autre chose qu'il faut comprendre que l'ensemble des directions artistiques qui ne sont pas prêtes à nous accueillir sont sclérosées, ou sourdes et aveugles aux nouvelles générations. Il y a effectivement des directions qui, pour le dire poliment, ont fait leur temps et il serait bénéfique qu'elles passent le flambeau. En même temps, il y en a d'autres qui sont là depuis tout aussi longtemps et qui continuent à poursuivre une démarche féconde.

P. G. — Maintenant que vous existez, pensez-vous être en mesure d'influencer la communauté pour créer des changements dans les autres théâtres? Le cas échéant, quelles seraient les propositions?

S. B. — Je pense que c'est déjà fait. Lorsque nous avons fondé Aux Écuries, nous avons senti que le milieu réagissait. Certains ont modifié le statut de leur deuxième salle, l'ont rendue accessible à la diffusion, certaines jeunes compagnies et des auteurs ont été accueillis en résidence, d'autres ont élargi leur mandat, etc. Par exemple, on s'est toujours désignés comme un «Centre de création». Et on a remarqué que, depuis quelque temps, d'autres théâtres ont repris cette même dénomination.

A. R. — Les résidences dans les théâtres aussi se sont développées avec la venue des Écuries.

P. G. : Mais il y avait quand même des théâtres qui accueillaient des compagnies de création avant vous, non?

S. B. — Oui, mais souvent il n'y avait aucun maillage entre les deux.

On offre ainsi à la compagnie qu'on accueille un bureau et quelques avantages, mais c'est tout. Quand, par exemple, le Grand Jour a eu une résidence de deux ans au début de son parcours, on nous a offert gratuitement un local, de même que la salle de diffusion... C'était génial! Or, un jour, la direction du théâtre qui nous accueillait est venue nous voir pour nous dire qu'ils avaient besoin de ce bureau pour un nouvel employé. On est partis. Ça s'est terminé là... Pour nous, c'était une chance inespérée. Elle a malheureusement été de trop courte durée.

D. L. — La résidence à long terme est une idée que nous avons particulièrement portée avec celle de la relève. À l'inauguration, le PDG du Conseil des arts et des lettres du Québec a souligné à quel point nous avons été, pour eux, un catalyseur leur permettant de mieux comprendre la problématique de l'intégration professionnelle des nouvelles générations artistiques. Pour ce faire, nous avons simplement foncé dans le tas! Nous avons dit aux subventionnaires : «On n'attend pas votre caution : on y va!» Et depuis, plusieurs programmes spécifiques de soutien à la relève ont été créés. Ils ont apparemment été inspirés par ce que nous avons fait depuis 2005. Nous voyons aussi que le modèle associatif que nous avons adopté commence à être repris par d'autres regroupements. Par ailleurs, le Plan de relance économique du Canada, grâce auquel nous avons pu construire notre théâtre a aussi servi d'autres lieux. Ainsi, le Théâtre d'Aujourd'hui a pu financer la construction d'une salle de répétition qui va permettre de dédier entièrement la salle Jean-Claude-Germain à la relève. Et La Licorne a rénové son théâtre grâce au même programme.

P. G. — Avec ses huit bureaux, ses trois salles de répétition et ses deux salles de spectacle, il serait erroné de voir dans les Écuries un simple lieu de diffusion. La dénonciation, la réflexion ne sont pas des paroles en l'air. Aux Écuries, c'est d'abord un lieu de travail, un lieu où la démarche artistique est centrale et soutenue matériellement.

D. L. — Nous nous sommes toujours dit que nous n'allions pas fonctionner comme les autres théâtres. Nous avons donc décidé d'offrir des services, de mettre en commun des expertises. Démarrer sa compagnie et engager un employé généraliste qui s'occupe de tes communications, de ton administration, etc., c'est une approche qui démontre vite ses limites.

A. R. — Et une jeune troupe qui doit louer une salle à 200 dollars par représentation n'a alors plus les moyens de monter son *show*. En plus, quand on débute, on n'a pas de connaissances en communication, en comptabilité, en rien... parce que ce qui nous intéresse, c'est le théâtre, pas l'administration! Aux Écuries, on offre donc des services, mais toujours dans un esprit coopératif. Il y a une équipe qui peut aider les compagnies artistiques à composer avec tous ces aspects.

D. L. — Ce que nous disons aux artistes que nous accueillons, c'est : « Concentrez-vous sur la création. » Nous leur demandons bien sûr d'être responsables de l'entièreté de leur projet, mais nous sommes précisément là pour les aider, d'une part techniquement et, d'autre part, pour tout ce qui relève de la gestion, des communications, des demandes de subvention, etc. Un artiste qui commence à pratiquer son art a surtout besoin d'éprouver sa vision artistique, pas de remplir des formulaires. Nous sommes donc aussi un lieu de soutien à la production.

S. B. — Le message que nous lançons est : « Pensez à ce que vous avez envie de faire au lieu de vous préoccuper de votre "carrière". » Ce qu'il faut comprendre par là, c'est que nous nous positionnons différemment par rapport au milieu qui a fini par formater le travail en fonction des impératifs de la production. Nous souhaitons, pour notre part, recentrer ce travail autour des impératifs de la recherche et de la création d'une œuvre.

Quand je suis sorti de l'école, je travaillais selon le modèle de production habituel des théâtres. Nous entrions ainsi en répétition et, six semaines plus tard, c'était la première. Ce que nous offrons aux gens que nous accueillions, c'est un autre cadre que celui-là. Aux Écuries, nous pouvons travailler une heure sur quelque chose sans qu'il soit nécessaire de trouver quoi que ce soit de définitif. Il me semble en effet important de pouvoir travailler sans être constamment sous la pression de la première qui s'en vient à grands pas. Changer sa façon de fonctionner, c'est changer le résultat artistique.

Nous voulons pouvoir prendre le temps de travailler. Nous voulons mettre sur pied des résidences de création, accueillir des gens qui ne sont pas parfaits, mais qui posent des questions qui nous semblent pertinentes. On a envie de les voir trébucher et se relever par la suite. L'esprit des Écuries, c'est un peu ça.

P. G. — Sachant que vous évoluez dans une économie, que vous devez tenir compte des impératifs des comédiens et de leurs agents, de la programmation et des politiques des autres théâtres, des dates de tombées des subventions, comment les Écuries peuvent-elles influencer le milieu afin de modifier les modes de production et de fonctionnement?

D. L. — Ce qui est complexe, aujourd'hui, c'est que la question du financement public ne se pose plus de la même manière pour nous que pour les générations précédentes. Ce qu'on nous dit, c'est d'aller davantage vers le privé, car le financement public est saturé. Le Conseil des arts du Canada (CAC) va d'ailleurs implanter une nouvelle réforme en mars 2012, qui va ébranler les enveloppes de fonctionnement... En ce moment, ces subventions sont parfois vues comme des pensions à vie par ceux qui les reçoivent. Avec la réforme, le CAC pourra couper ou bonifier de 10 % les enveloppes chaque année. Les théâtres « à saisons », réunis au sein de l'association des Théâtres associés inc. (TAI [1]), craignent que la pression ne s'accentue sur leurs organismes, parce que les comités d'artistes qui évaluent la qualité des projets ont tendance à privilégier le soutien aux organismes artistiques qui ne disposent pas d'un lieu... Je n'ai entendu qu'une voix discordante à ce jour, celle de Ginette Noiseux, directrice générale et artistique d'ESPACE GO. À son avis, pour que les théâtres institutionnels aient une vitalité, il faut que ça pousse et que ça conteste en dessous. Elle est donc prête à subir le jugement de ses pairs... Et je partage tout à fait cette opinion.

P. G. — Mais poussons la logique jusqu'à l'absurde et imaginons un instant que l'on prenne les 15 000 000 $ du CALQ pour les diviser en parts égales et que chaque compagnie reçoive 50 000 $. Pour une compagnie émergente, c'est le pactole, mais, pour Les Deux Mondes, c'est la catastrophe. N'avez-vous pas besoin d'avoir des institutions qui ont des moyens de production importants?

---

1. Fondée en 1985, Théâtres associés inc. (TAI) est une association qui représente des institutions théâtrales francophones québécoises. TAI compte actuellement neuf théâtres membres. Ces compagnies institutionnelles ont entre 31 et 62 ans d'existence. Chacune occupe et anime en permanence un lieu théâtral où elle présente des saisons offertes en abonnement. Les compagnies membres du TAI sont : la Compagnie Jean Duceppe, ESPACE GO, le Théâtre d'Aujourd'hui, le Théâtre de la Bordée, le Théâtre Denise-Pelletier, le Théâtre de Quat'Sous, le Théâtre du Nouveau Monde, le Théâtre du Rideau Vert et le Théâtre du Trident.

D. L. — La question de la redistribution de la richesse au sein de la communauté artistique est bien sûr pertinente. Et il est évidemment important que certaines institutions aient des moyens de production performants. Je suis par contre d'avis que les partenariats de coproduction entre organismes artistiques sont une voie d'avenir. D'une part, parce que les rencontres entre les univers artistiques créent de nouvelles dynamiques, et, d'autre part, parce que ces rencontres sont aussi des leviers de financement et de diffusion pour des projets plus ambitieux. C'est presque incontournable à l'échelle internationale, mais ce l'est aussi au niveau national.

P. G. — On pourrait rétorquer que c'est là un discours pragmatique qui fait l'économie du rôle de l'État.

D. L. — Oui, mais il est difficile de ne pas être pragmatique lorsqu'on sait que le CAC se demande en ce moment s'il ne sera pas éventuellement aboli.

P. G. — Peut-être, mais l'arrivée des Écuries va créer une certaine pression sur les subventionnaires. Vous allez avoir besoin d'argent, et les budgets des ministères n'augmentent pas. Pourrez-vous faire vos demandes dans le cadre d'une vision collective?

S. B. — Dans la mesure où nous sommes un regroupement de sept compagnies, et que de surcroît nous accueillions un grand nombre d'artistes issus de divers horizons, toute demande de financement de la part des Écuries cadre déjà dans une vision collective.

P. G. — Mais pourquoi donnerait-on à vous plutôt qu'à d'autres?

D. L. — Parce qu'on est *hot*. (Rires.) La solution se trouve dans l'origine du projet, dans notre vision collective. Nous souhaitons que les 200 000 dollars de fonctionnement dont nous avons besoin soient de l'«argent neuf», c'est-à-dire qu'ils s'ajoutent au montant global que les subventionnaires donnent actuellement au milieu théâtral. Chose certaine, je refuserais que l'argent qui nous est octroyé diminue les sommes qui sont allouées aux nouvelles générations artistiques. Ces sommes sont dérisoires depuis plus d'une décennie et continuent de s'effriter, et nous avons justement fondé Aux Écuries pour remédier à ce problème.

P. G. — Une chose m'étonne à vous entendre : vous avez un projet extrêmement «positif», en ce sens que vous cherchez à faire bouger les choses en proposant, de façon concrète, de nouvelles avenues, de nouvelles façons d'envisager la production théâtrale. Or, dans votre manifeste, vous utilisez essentiellement la forme négative pour vous définir.

A. R. — Si nous avons utilisé cette forme, c'est pour laisser la liberté à tout ce qu'on peut devenir et être. On sait ce que l'on n'est pas. Ce qu'on est, on va le créer, on va le découvrir. On ne veut pas être casés.

D. L. — Si le manifeste a pris une forme négative, c'est parce qu'il est le reflet du cheminement que nous avons fait entre nous pour déconstruire certaines idées, pour créer quelque chose d'original. Par la suite, il a fallu trouver un trait d'union entre nous. Avec le manifeste, nous prenions, pour la première fois, la parole ensemble publiquement. Notre manifeste est le résultat des débats, souvent houleux, que nous avons eus sur la place que nous souhaitons accorder à la création, à la résidence, aux types de théâtres que nous faisons, de même que sur l'esthétique ou les esthétiques que nous souhaitons défendre. Ce manifeste présente au public, aux citoyens, à la population, le résultat de cette réflexion. En deux phrases, je résumerais le manifeste par : «On peut se donner une direction commune, sans renier notre individualité. Et on refuse les étiquettes simplificatrices et les moules performants, pour assumer la complexité du monde dans lequel nous vivons aujourd'hui.» Fonder un théâtre en 2011, c'est rappeler ça. C'est aussi rappeler que le théâtre est un art vivant, avec des gens sur la scène et dans la salle qui sont là en même temps. C'est un projet politique au sens fort du terme.

S. B. — Cette forme négative, c'est aussi une réponse à une certaine forme d'obsession de la notion perverse «d'industrie culturelle», à la logique de marchandisation de la culture dans laquelle fonctionne le milieu théâtral et le milieu culturel en général, avec sa recherche de «public cible», sa «connaissance du client pour pouvoir lui vendre l'affaire correctement avec les bonnes options». Tout ce marchandage-là, on n'en peut plus. La forme négative est en partie une réaction aussi violente que spontanée à ce discours-là, qu'on refuse. Et maintenant que nous avons un lieu, nous ne souhaitons surtout pas suivre ce modèle.

A. R. — Le négatif nous permettait aussi de nous exprimer individuellement. Faire l'inverse, se définir positivement aurait été plus compliqué, plus dangereux. Il aurait été plus difficile de faire consensus sur ce que nous sommes.

P. G. — Il y a une phrase que j'ai trouvée très juste dans le manifeste : « Je suis prêt à troquer un futur personnel pour un avenir collectif. » Je crois que beaucoup de gens des générations X et Y ont le même désir, sans pour autant savoir de quoi sera fait cet avenir collectif...

S. B. — Cette phrase est venue à la suite d'une table ronde que nous avons mise sur pied après une représentation de mon spectacle *L'enclos de l'éléphant*. Nous parlions alors de l'insécurité que nous vivons individuellement, insécurité générée par notre insécurité obsessive face à notre futur personnel ; les REER, l'argent qu'on a de côté, nos avoirs, notre fonds de pension, etc. Toute cette course pour se sécuriser crée des murs entre nous et nous en oublions les enjeux de la collectivité. Et, si nous voulons avancer comme collectivité, il faudra calmer cette insécurité.

D. L. — Il y a quelque chose de mystérieux et de formidable avec Aux Écuries : nous avons réussi à susciter une adhésion. Lorsque des gens entrent dans ce lieu, que ce soit des spectateurs ou des gens du quartier, ils y adhèrent. Les gens du quartier disent que ça fait trente ans qu'ils attendent un projet comme celui-là. Des gens de mon âge me disent : « Enfin un projet de ma génération, enfin un projet dans lequel je me reconnais. » Comment en est-on arrivés à exprimer des désirs collectifs plus grands que nous ? Comment peut-on créer un engouement où tu n'as pas besoin d'être le porteur du projet pour t'en sentir partie prenante ? Les gens adhèrent à l'esprit que nous avons, à l'esprit collectif que nous cultivons.

P. G. — Le théâtre que vous faites est-il politique ?

S. B. — Comme Annie le disait, le fait d'être sept, d'avoir la force du nombre, c'est déjà un geste politique.

A. R. — Aller chercher des voix, des pratiques qui ne peuvent pas se déployer ailleurs, que ce soit à cause de leur propos ou de leur forme, est un geste politique. S'éloigner du conformisme, c'est aussi un geste politique.

P. G. – La démocratie c'est le pouvoir du nombre. Si le théâtre a déjà été le lieu du nombre, ce n'est plus le cas aujourd'hui. Ce sont le sport, la télé, le cinéma qui permettent de rejoindre le plus grand nombre. Le théâtre demeure confidentiel. Est-ce une question qui vous habite?

S. B. – Ça m'habite tous les jours. J'ai l'impression qu'on a creusé un gouffre entre la population et l'art. Je crois que cela a commencé dans les années 1980. Ce qui se met en place, à ce moment-là, c'est le néolibéralisme dans lequel nous vivons aujourd'hui. Nous avons alors commencé à creuser un gouffre entre le soi et le tout, entre le je et le nous, entre l'art et le politique, alors que tout ça est lié.

P. G. – Vous avez une salle de 140 places. Au Centre Bell, c'est 20 000 personnes qui vont voir un match. Est-ce une utopie que de rejoindre une masse de gens?

A. R. – Les gens ne vont même plus au cinéma, parce qu'ils ont maintenant des cinémas maison, alors... Mais je rêve d'un retour au rassemblement public, je me dis qu'un jour les gens en auront assez de rester enfermés dans leur maison. Ils chercheront à se réunir à nouveau et ils iront alors davantage au théâtre. (Rires.) C'est ma petite utopie.

S. B. – Il faut se dire que les 140 personnes qui ont eu une soirée unique repartent avec un souvenir mémorable. Si nous ne pouvons mener le combat du nombre, que gagne le Centre Bell, nous tentons par contre d'être porteurs d'utopie et de changement. On fait le choix du théâtre, où tout peut arriver le soir d'une représentation. Le théâtre permet, en effet, de vivre la précarité et c'est précieux.

P. G. – Ce qui est frappant c'est que vous n'avez pas choisi d'investir, d'envahir même, des institutions déjà existantes. Vous n'êtes pas débarqués dans un théâtre établi pour «tuer le père»...

A. R. – Les Deux Mondes ont vraiment été très accueillants...

S. B. — On ne l'a pas fait, parce que les théâtres déjà établis ne sont pas des institutions : ce sont des théâtres privés. À tout le moins, ils fonctionnent comme tels. Ce ne sont donc pas des lieux qui nous appartiennent collectivement. Si c'était le cas, il nous aurait en effet été possible de débarquer là en colère et de crier : « Il est à nous autres aussi, le TNM. C'est ici qu'on va être joués. » Mais tous nos théâtres sont des théâtres privés, parce qu'on a donné le pouvoir de nos théâtres à des conseils d'administration. Les fonds publics sont, au final, distribués à ce qui ressemble désormais dangereusement à des entreprises à but lucratif. J'espère d'ailleurs que c'est là une question que nous aurons le courage d'aborder au prochain congrès du Conseil québécois du théâtre. La Grande Bibliothèque, la Place des Arts sont des institutions, mais il n'existe pas de tels théâtres au Québec...

D. L. — Prenons, par exemple, le Théâtre Sans Fil. Il possède en ce moment une bâtisse qui a été financée à 90 % par les deniers publics. Mais, dernièrement, ils ont été coupés au fonctionnement, avec pour résultat qu'ils doivent vendre l'immeuble s'ils souhaitent survivre. Or, que va-t-il advenir de cette bâtisse financée par nous, contribuables ? Dans la mesure où le Théâtre Sans Fil est un théâtre privé, nous n'avons pas voix au chapitre.

P. G. — Le Canadien de Montréal, c'est une entreprise privée. Toutefois, les partisans, les citoyens qui la considèrent à eux, cette équipe, vont la critiquer, porter des jugements. Des commentateurs ne cessent de dire quoi faire au gérant et à l'entraîneur. Lorsqu'on arrive en art, ça n'existe plus. Pourquoi ?

S. B. — C'est en effet, pour le moment, quelque chose que nous ne faisons qu'entre nous. J'ai déjà entendu une actrice, l'une de nos doyennes, sortir d'un théâtre en disant : « Il n'est pas à lui ce théâtre-là, il est à nous. » En d'autres mots : c'est plus que ta compagnie, c'est une institution. C'était un cri du cœur, très juste. Elle mettait le doigt sur quelque chose. Mais la personne qui va gueuler contre le statu quo risque de se retrouver bien seule... Il n'y a pas encore d'outils, de leviers pour influencer un théâtre. On dit que les théâtres sont des institutions, mais ils ne fonctionnent pas comme tels. La seule institution théâtrale qu'on a au pays, c'est le Centre national des arts. Eux, ils ont les moyens de leurs ambitions. Cela aurait pu faire partie des Seconds États généraux du théâtre professionnel en 2007, cette remise en question du chèque en blanc qui est donné aux directions artistiques. Parce que, malheureusement, un poste de direction artistique, c'est aujourd'hui considéré comme un gros lot, parce que la personne qui l'obtient peut le garder jusqu'à la fin de ses jours. Donc, ou bien on considère que les théâtres sont de véritables institutions, avec des directions artistiques à mandats déterminés, ce qui permettrait une circulation, du changement, ou bien on continue comme c'est là, avec des institutions qui n'en sont pas. Or, je crois fermement que continuer de la sorte risque de nous entraîner dans un cul-de-sac, si ce n'est au fond du gouffre...

*

Le Centre de création Aux Écuries a été construit en partenariat avec le théâtre Les Deux Mondes avec un budget de 4 500 000 $. Aux Écuries a actuellement une hypothèque de 500 000 $. Au budget de construction s'ajoute un budget pour les équipements de 800 000 $. Une campagne de financement a permis de recueillir plus de 475 000 $ pour soutenir ces acquisitions.

En 2010-2011, le CALQ a distribué avec ses différents programmes un peu plus de 23 000 000 $ dans le secteur du théâtre. Le théâtre Aux Écuries a alors reçu 100 000 $. Les compagnies qui y ont élu résidence ont, pour leur part, reçu :

L'Activité : 20 000 $ en projets
I.N.K. : 30 000 $ en projets
Le Grand Jour : aucune demande
Les Porteuses d'Aromates : 0 $
La Pire Espèce : 60 000 $ en fonctionnement
Le Festival du Jamais Lu : 30 000 $ en fonctionnement
À titre de comparaison (je n'ai compté que les subventions de fonctionnement ou de diffusion spécialisée) :

La Fondation TNM recevait 1 300 000 $
La compagnie Jean Duceppe : 893 875 $
Le Théâtre d'Aujourd'hui : 627 500 $
Le Nouveau Théâtre Expérimental : 220 000$
Espace Libre : 150 000 $
Le budget de la province de Québec est de 69 000 000 000 $.
23 000 000 $ représente ainsi une proportion de 0,03 % de ce budget.

11. ACCOLADES

La nuit morave, récit, Peter Handke, traduit de l'allemand par
Olivier Le Lay, Paris, Gallimard, coll. « Du monde entier »,
2011, 396 p.

Les conspirateurs, roman, Frederic Prokosch, traduit
de l'anglais américain par Patrice Repusseau, Paris,
Gallimard, coll. « Du monde entier », 2011, 1267 p.

Journal, Stendhal, préface de Dominique Fernandez, Paris,
Gallimard, Folio classique n° 5082, 2010, 323 p.

Dingley, l'illustre écrivain, prix Goncourt 1906, un roman des
frères Jérôme et Jean Tharaud, exemplaire lu et annoté
par Gabrielle Roy, Paris, Librairie Plon, 1929, 251 p.

Ce matin-là, le mardi 5 juillet 2011, sur la véranda de la maison
d'été de Gabrielle Roy, j'entrai, lecteur décidé et confiant, dans *La
nuit morave* de Peter Handke, une nuit de papier qui allait faire ses
398 pages, et je pensai à l'idée d'une nuit-fleuve ; j'entrais donc, dès
le potron-minet, alors que le soleil se levait en roux sur le fleuve
Saint-Laurent, dans ce qui serait, je le savais (la critique allemande
avait parlé d'un *coup de maître*), un *nocturne*, une composition, une
musique littéraire – c'est un écrivain qui n'écrit plus depuis dix ans et

qui a convié un soir, vers minuit, ses anciens amis, des compagnons de voyage, de lointains voisins, et certains disciples... Ils sont arrivés dans la région de Porodin, les uns après les autres, pour monter sur sa péniche qu'il avait amarrée à un arbre dans une boucle de la Morava, un affluent serbe du Danube ; il va se livrer devant eux à un monologue qu'il mènera mezza voce et qui, parfois interrompu par lui, qui se tait, et ponctué la nuit durant par le coassement des grenouilles sur le fleuve, se prolongera jusqu'à la première lueur oblique de l'aube, l'étrange exercice imposé étant destiné à narrer sans états d'âme ses itinérances balkaniques, erratiques, européennes, à pied, en car, en train, en avion (à travers aussi l'Adriatique, la Galice, l'Autriche) dans des paysages d'*entre les guerres* pour sortir du silence sans *reprendre la plume*... C'est un ex-écrivain qui parle bas, rapporte le Narrateur, *un écrivain sort de son silence*, il n'a pas de nom et une femme qui se taira toute la nuit rôde tel un fantôme, *une beauté étrangère-familière*, sa femme ? (« mais il y avait comme une connivence entre ces deux-là », observe le Narrateur), une femme que les conviés à la nuit du soliloque n'ont jamais vue... Certains, parfois, dans les silences de ces matines, osent et posent des questions auxquelles l'hôte ne répondra guère, tout à son office de récitant...

J'entreprenais donc dans l'aube la lecture de ce nocturne, joué par Handke entre la manière du psaume et celle de la sérénade (*serenata*, belle nuit ; *serenus*, serein), un marathon (un pèlerinage, plutôt) qui allait me prendre de quatre à cinq jours, peut-être toute la semaine... J'allais le lire, ce livre, du lever du soleil jusqu'à la sieste de midi dans la chambre qui fut celle de Gabrielle Roy jusqu'à l'été 1983, m'endormant comme engourdi, ou enchanté, mes lunettes déposées sur une table de chevet, après les silencieuses séances matinales dans la lente progression de ma lecture (lire, c'est long), ponctuées par le va-et-vient imperceptible de mes trois chats, Cookie, Arthur et le Chinois. Décidé et confiant, car il n'y avait pas de doute dans mon esprit, c'était une entreprise délibérée, j'avais décidé de lire *un chef-d'œuvre actuel*, foin des perfections *d'antan* (comme les funérailles : « les petits corbillards, corbillards, corbillards, corbillards de nos grands-pères »), je voulais lire *un grand livre*, je m'étais dit : *un roman de notre temps*, comme un contemporain de Céline (ou l'un des patients du docteur Destouches) avait pu lire *Voyage au bout de la nuit* dans l'édition Denoël un an ou deux après le fameux Goncourt raté (*Die morawische Nacht*, écrit à Chaville dans les Hauts-de-Seine en France, est paru en 2008 chez Surhkamp Verlag à Francfort-sur-le-Main, et je le lisais sur les bords du Saint-Laurent dans la traduction d'Olivier Le Lay éditée en 2011 dans la collection «Du monde entier» chez Gallimard).

Parce qu'on lit toujours, il me semble, des chefs-d'œuvre plus ou moins *anciens*, reconnus, confirmés, magistraux et devenus confortables, leurs batailles gagnées haut-la-page, s'il y en a eu, ces chefs-d'œuvre signés comme paraphés par les *maîtres anciens* et sans cesse réédités au gré des générations de lecteurs, bien sapés sous les couvertures corinthe ou rouge vénitien, vert émeraude ou havane, de La Pléiade pour les bobos, ou soldés en format poche pour les budgets serrés, ces romans bien ancrés dans les mondes passés et dépassés, *Madame Bovary*, qui ont triomphé de la morale, *Mademoiselle de Maupin*, plus ou moins lointains, comme *Monsieur Godeau intime*, plus ou moins oubliés, comme *Le garçon savoyard*. J'avais tout de même, par prudence, apporté avec moi de grands *en-cas*, ces œuvres qui sont *du pain pour un siècle de littérature* comme l'avait écrit Céline à Gaston Gallimard en lui faisant parvenir son *Voyage* ficelé, ces livres *indubitables*, j'en avais mis comme des *primeurs* dans le cabas de toile écrue d'un marchand d'épices de Pondichéry qu'un ami m'avait rapporté de l'Inde, j'y avais jeté pêle-mêle, comme des fromages au lait cru ou des pâtés en croûte, du Stendhal, du Strindberg, du Fitzgerald, du Cendrars, du Pessoa et puis, comme un pili-pili, un seul polar, mais *garanti*, celui du suave Frederic Prokosch né en 1908 dans le Wisconsin de parents autrichiens, mère pianiste, c'était un polar ancien (comme une montre ancienne dont le mécanisme fonctionne encore). Paru en 1943, soudain réédité en 2011, je l'avais reçu en service de presse comme les nouveautés et j'avais pensé : comme une lettre qui se serait égarée et reviendrait ; c'est une histoire d'espionnage se déroulant à Lisbonne durant la Seconde Guerre mondiale, dans le Portugal de Salazar, et dont je me souvenais plus du film noir qu'en avait tiré avec des scénaristes de la Warner en 1944, l'année de ma naissance, le réalisateur d'origine roumaine Jean Negulesco (un beau larbin, celui-là, raffiné et docile). Ce roman, *Les conspirateurs*, l'avais-je vraiment déjà lu ? Et oublié ? Le film, lui, pour sûr, je ne l'ai pas oublié et pour une seule raison, c'était, comme le titre d'un film de Michel Deville, *à cause, à cause d'une femme*, celle qui, si elle ne fut tout de même pas une Garbo, fut presque, durant l'entre-deux-guerres, une de ses rares rivales possibles, alors décrite par plusieurs, dont le jeune journaliste Norman Mailer, comme (c'était avant sa déchéance dans l'alcool, ses liftings ratés et un vol à l'étalage en 1966) « la plus belle femme que j'ai jamais vue », c'était Hedy Lamarr, « la flâneuse enchantée », disait d'elle le peintre Joseph Cornell, elle jouait dans ce film le rôle d'une Russe, c'était une Autrichienne d'origine elle aussi, la belle Hedy, comme Frederic Prokosch et comme Peter Handke qui, lui, est né en 1942 et précisément en Carinthie dans une petite ville, Griffen, dont on ne trouvera pas le nom si on le cherche dans les dictionnaires des noms propres...

Avec ma *Nuit morave*, donc, ces jours de juillet là, à plusieurs reprises, puisque *chef-d'œuvre actuel* bel et bien il y avait, j'aurai, au crayon à la mine de plomb, isolé des passages, parfois des paragraphes, séduit, voulant plus tard revenir à ces morceaux, ces pépites de prose, et je me servais alors de l'accolade pour en réunir les lignes aimées et ce n'était pas nécessairement *les plus importantes* mais les plus *remarquables*, celles qui ne faisaient rien *avancer*, mais après lesquelles, peut-être est-ce cela, oui, j'avais le goût de *m'arrêter*. Je retrouve une de ces accolades, page 235, ce signe à double courbure avec une petite pointe en son milieu qui cerne ceci, c'est le Narrateur qui parle pour le récitant qui racontait :

Puis il était bon, singulier marcheur qu'il était, de ne pas sentir le vent dans son dos, mais de face, au visage. Aussi il souhaitait que le vent tourne maintenant, et souffle d'ouest. Et ce souhait fut exaucé, sauf que le vent d'Ouest apporta la pluie. Il aurait pu s'abriter sous l'une des cabanes sur pilotis du chemin de rive là-haut sur le remblai, mais il laissa la pluie lui tomber dessus, comme s'il fallait que ce fût ainsi pour le jour de son arrivée. Et si les affaires dans son sac à dos étaient mouillées, surtout le livre, tout au-dessus ? Qu'elles le soient. Qu'il le soit. Depuis toujours, vois-tu, ça n'avait fait que renforcer l'aventure de la lecture, qu'un livre fût en quelque sorte endommagé de l'extérieur, un peu brûlé, moisi, avec les pages collées, une odeur forte et putride, pourquoi pas même des champignons. Il laissait exprès à l'air libre certains livres neufs, attendant d'être lus, jusqu'à ce qu'au-dehors ils fussent à moitié jaunis, ondulés de rosée de nuit ou, pourquoi pas, d'une pluie légère, et avant de se mettre à lire il tordait alors le livre tout entier, le plus possible, le cognait contre le mur, jouait au football avec, le balançait au plafond, et au milieu de la plus belle des lectures, quand dehors il neigeait ou, mieux encore, grêlait, il arrivait parfois qu'il sorte pour que les pages qu'il lisait justement se couvrent d'une couche de neige ou que les grêlons les mitraillent copieusement, sur quoi la lecture était peut-être un peu plus belle encore.

Et de mon cabas de toile écrue d'un marché de Pondichéry, finalement, à Petite-Rivière-Saint-François, je n'extirperais et lirais (passée la nuit morave) que deux *primeurs* : le Stendhal de 1266 pages, un Folio neuf, tout le *Journal* de ce commissaire militaire ambitieux à l'os et ce baiseur insatiable de Parisiennes, de provinciales et de Milanaises, duchesses ou domestiques mêmes ébats, ce sacré gaillard qui ne semblait même pas savoir qu'il deviendrait, le journal abandonné, un romancier et un très grand, dictant en 52 ou 53 jours sa *Chartreuse de Parme*..., s'imaginant sans doute en Fabrice del Dongo quand il n'était qu'un dénommé Henri Beyle gras et laid et abandonné par le pouvoir impérial, dans « un trou abominable », c'est lui qui le dit, consul peut-être, mais à Civitavecchia, et pour compter les bateaux qui entrent et sortent du port ; puis le polar de Frederic Prokosch qui est bien sûr éminemment supérieur au film de la Warner qui ne valait guère, et somme toute, que pour les regards hagards de la belle Hedy Lamarr...

Dans la maison d'été de Gabrielle Roy, ce même 5 juillet, après la sieste de midi, j'avais appris sur le site web du *Monde* la mort à Rome de Cy Twombly, le peintre vivant préféré de Roland Barthes, et l'un des miens pardi, Twombly c'est le peintre des « Grandes écritures » qui travaillait *au crayon*, cet Américain de Virginie qui, comme Stendhal, avait fait de l'Italie son nid, son pays, il y était arrivé à 30 ans, il y mourait à 83, après une vie de griffonnages, de salissures, de taches, de mots à peine lisibles, de griffures, de lignes, de tracés illisibles, d'éclaboussures, une vie de peintre à chercher l'allure de l'écriture et à tenter d'aller au plus près du geste primitif de l'homme. Tristesse donc, et je m'étais alors souvenu que, pour avoir embrassé une de ses toiles exposées à Avignon en 2007, une toile blanche, et y avoir laissé la *trace* écarlate de ses lèvres, une femme, c'était une jeune Cambodgienne, fut condamnée par un juge à payer la somme de 18 840 euros au galeriste Yvon Lambert! Cher baiser!

Handke, Stendhal et Prokosch lus, il me fallait trouver autre chose et je me mis à regarder de plus près les quelques rayonnages de livres qui se trouvent dans la pièce centrale, me demandant si Gabrielle Roy, qui y lisait l'après-midi, seule, appelait cette pièce le vivoir, le séjour ou le living-room... Ses livres à elle y étaient presque tous, évidemment, toutes éditions confondues, et si j'en avais été capable j'aurais pu lire son *Bonheur d'occasion* en italien, en allemand, en khmer peut-être... Je me rappelle avoir pensé que, parmi les livres qui n'étaient pas d'elle et qui étaient les plus anciens, certains recouverts de papier kraft, d'autres passablement usés, vieilles éditions cartonnées et brunes, il devait y en avoir qui lui avaient appartenu, qu'elle avait lus, et c'est alors que je me retrouvai avec un roman des frères Tharaud entre les mains, ça ne m'était jamais arrivé, ces frères Tharaud, Jérôme et Jean, qui avaient tous les défauts mais une belle plume ; l'histoire littéraire retient qu'ils étaient colonialistes, racistes, misogynes, antisémites et qu'ils obtinrent (pour ce roman que j'avais soudain entre les mains) le quatrième prix Goncourt, celui de 1906, quand les académiciens se réunissaient au Café de Paris, avenue de l'Opéra, et pas encore chez Drouant, place Gaillon.

J'ai donc lu *Dingley, l'illustre écrivain*, et l'on voit tout de suite que le Dingley en question, qui décide d'écrire l'histoire d'un déclassé, un voyou, qui s'engage dans l'armée royale britannique pour la solde, mais qui va découvrir au combat l'influence bienfaisante de la guerre, la guerre des Boers qui fera de lui au retour un patriote respectable, est la caricature de Rudyard Kipling et à travers lui (Dingley pour Kipling) les frères Tharaud se livrent à un éloge senti et (si l'on peut dire...) exagéré de l'impérialisme. Gabrielle Roy avait lu ce livre, l'exemplaire que j'avais entre les mains (avec sa signature en page de garde et douze accolades tracées de sa main à la mine de plomb) était une réédition (la 72ᵉ) de 1929, l'année de ses 20 ans, les Tharaud étaient ses contemporains (ils vont mourir, Jean en 1952 et Jérôme en 1953), et elle avait dû l'acheter à Paris, chez Gibert sans doute...

Ce qu'elle englobait dans ses accolades ? Des *phrases d'écrivain* comme celle-ci lorsque les Tharaud (on sait que c'est le cadet qui s'occupait du premier jet et que l'aîné se chargeait de la finition) évoquaient la sonnerie de l'extinction des feux un quart d'heure durant dans les quartiers militaires : « un violon a moins de douceur que ces voix de cuivre qui s'attendrissent », ou des *soucis d'écrivain* comme ceux-ci : « Sans compter qu'il avait toujours contre ce qu'il écrivait cette sorte de haine, si connue des artistes, et qui tient à leur dégoût d'un effort toujours décevant », « Il craignit d'être devenu irrémédiablement vieux, d'avoir épuisé la provision de rêves que la nature dispense à chaque artiste »...

Et puis, comme en besoin d'optimisme, on dirait qu'à chaque fois qu'apparaissait le mot *bonheur*, Gabrielle sortait son crayon : « ce qu'on appelle du génie n'est, sans doute, que du bonheur », « chaque homme possède dans son sac une réserve de bonheur », « il ne savait pas encore ce qui reste de bonheur caché au fond de toute inquiétude »...

Je dois avouer que, toute perversité bue, je ne me suis pas ennuyé une seconde à lire du Tharaud frères, il y a des phrases quasiment savoureuses tant elles sont gonflées de la défense de la pureté raciale et d'un triomphalisme impérialiste, comme lorsqu'on évoque un Boer si bien éduqué à Trinity College que « rien ne le distingue d'un Anglais » : « celui-là, il n'est pas de notre sang, mais il a respiré le bon air de chez nous », « un bel animal, et qui est bien de notre jungle »... Les Tharaud, nés dans le Limousin, éduqués à Angoulême, formés dans le Paris de Barrès, Barrès dont Jérôme devint le secrétaire, ces nationalistes français (dont l'esprit est relayé aujourd'hui par un Jean-Marie Le Pen vieillissant) furent plus royalistes que la reine, plus catholiques que le pape, et plus colonialistes que Kipling.

Gabrielle Roy, elle, que pensait-elle de ces satanés frangins *du bâtiment*? On ne trouve pas sa noétique dans ses accolades...

COMITÉ DE RÉDACTION

EVELYNE DE LA CHENELIÈRE est auteure et comédienne. Ses pièces de théâtre ont été montées au Québec ainsi qu'en traduction à l'étranger. Parmi elles, mentionnons *Des fraises en janvier, Henri & Margaux, Bashir Lazhar* et *Les pieds des anges. Désordre public,* un recueil de pièces, a obtenu en 2006 le Prix littéraire du Gouverneur général.

OLIVIER KEMEID est auteur de théâtre et metteur en scène. Ses pièces ont été jouées et lues au Québec, aux États-Unis, en Allemagne, en France et en Hongrie. Il est le directeur artistique de la compagnie de théâtre Trois Tristes Tigres, avec laquelle il a notamment produit *L'Énéide* (2007), d'après Virgile, à Espace Libre et en tournée au Québec.

PIERRE LEFEBVRE (rédacteur en chef) travaille comme rédacteur à la pige et conseiller dramaturgique. Il a réalisé plusieurs documentaires radiophoniques pour Radio-Canada. Sa pièce *Lortie,* mise en scène par Daniel Brière, a été présentée à l'Espace Libre à l'automne 2008.

ROBERT RICHARD enseigne la littérature à l'université et a publié des essais, dont *Le corps logique de la fiction* (l'Hexagone, 1989) et *L'émotion européenne : Dante, Sade, Aquin* (prix *Spirale* Eva-Le-Grand, Varia, 2004). Il a aussi publié un roman : *A Johnny Novel* (The Mercury Press, 1997) ; *Le roman de Johnny* (Balzac/Le Griot, 1998).

JEAN-PHILIPPE WARREN est professeur de sociologie à l'Université Concordia.

COLLABORATEURS

MATHIEU ARSENAULT est auteur, critique et essayiste. Il a fondé l'Académie de la vie littéraire au tournant du XXIe siècle et tient aussi une boutique en ligne de produits dérivés littéraires, *doctorak.co.*

SYLVAIN BÉLANGER est directeur artistique du Théâtre du Grand Jour et cofondateur du théâtre Aux Écuries. Également comédien et metteur en scène, il a été en nomination en 2005 à la Soirée des Masques en tant que révélation de l'année pour sa mise en scène de *Cette fille-là,* spectacle solo de la comédienne Sophie Cadieux.

JEAN-FRANÇOIS BOURGEAULT est professeur de littérature au cégep Saint-Laurent et membre fondateur des cahiers littéraires *Contre-jour.* Il a notamment publié, en collaboration, *La littérature en puissance. Autour de Giorgio Agamben* (VLB éditeur, 2006).

OLIVIER CHOINIÈRE est dramaturge et metteur en scène. Fondateur et codirecteur artistique du théâtre Aux Écuries, on lui doit, entre autres, *Venise-en-Québec*

(Théâtre d'Aujourd'hui, 2006), *Félicité* (La Licorne, 2007) et *Chante avec moi* (Espace Libre, 2010).

FRANÇOIS HÉBERT a enseigné la littérature à l'Université de Montréal, et a dirigé la revue *Liberté* de 1986 à 1992. Il a été critique littéraire au *Devoir* et a publié de nombreux romans, des essais et des recueils de poèmes. Parmi ses œuvres, mentionnons *Comment serrer la main de ce mort-là* (l'Hexagone, 2007) et *Miron l'égarouillé* (Hurtubise, 2011).

JEAN-PIERRE ISSENHUTH a travaillé à Montréal dans des écoles publiques au primaire et au secondaire. Il a été membre du comité de la revue *Liberté* pendant plusieurs années. Parmi ses ouvrages, citons *Rêveries* (Boréal, 2001), *Le cinquième monde* et *Chemins de sable*, tous deux publiés chez Fides (2009 et 2010). Son dernier carnet, *La géométrie des ombres*, paraîtra aux éditions du Boréal en 2012.

DAVID LAVOIE est le directeur général fondateur du théâtre Aux Écuries. Il assume parallèlement la direction administrative du Théâtre de la Pire Espèce et du Festival du Jamais Lu, dont il est l'un des cofondateurs. Il est aussi l'un des initiateurs de la formule d'abonnement coopérative Carte Premières, créée par la Pire Espèce en 2004. Il préside par ailleurs l'Association des compagnies de théâtre (ACT), qui regroupe plus de 150 compagnies de théâtre au Québec.

STÉPHANE LÉPINE est chargé de cours à l'École supérieure de théâtre de l'UQAM. Dramaturge et rédacteur, il a signé de nombreux textes dans presque tous les domaines de la culture. Il a élaboré la série de concerts associant musique et littérature présentée durant la saison 2011 à l'Orchestre symphonique de Montréal.

ANNIE RANGER partage avec Marilyn Perreault la direction du Théâtre I.N.K. Elle a interprété la Dehors-Woman dans *Les apatrides*, de même qu'Ali dans *Roche, papier, couteau...* Sa première pièce, *La cadette*, présentée en 2006, a reçu une nomination pour le Masque de la production « Montréal ». En avril 2012, elle présentera sa deuxième pièce, *L'effet du temps sur Matèvina*, au théâtre Aux Écuries.

YVON RIVARD est essayiste, romancier et scénariste. Parmi ses nombreux ouvrages, citons *Le milieu du jour* (1995), *Le siècle de Jeanne* (2005), *Personne n'est une île* (2006), *Une idée simple* (2010), publiés aux éditions du Boréal. Il a été membre de la revue *Liberté* de 1976 à 1995, et collabore régulièrement à diverses revues littéraires.

PATRICK TILLARD est l'auteur de plusieurs albums jeunesse, de poèmes et de nouvelles parus en Belgique, en France et au Québec. En 2011, il a publié un roman, *Xanadou* (L'instant même), et un essai, *De Bartleby aux écrivains négatifs. Une approche de la négation* (Le Quartanier).

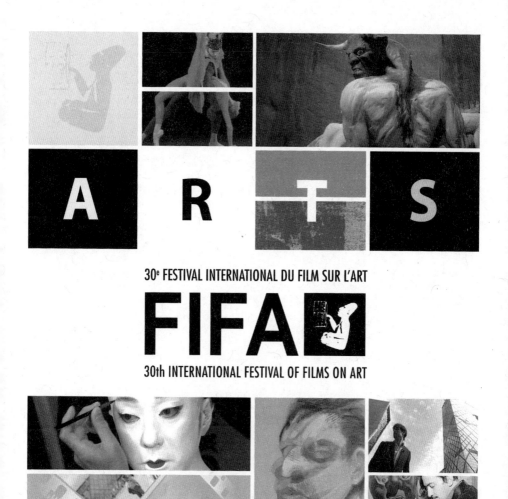

ARTS

30e FESTIVAL INTERNATIONAL DU FILM SUR L'ART

FIFA

30th INTERNATIONAL FESTIVAL OF FILMS ON ART

30e ÉDITION • **15-25 MARS 2012** • MONTRÉAL

PRÈS DE 250 FILMS, DE PLUS DE 20 PAYS :
cinéma, littérature, théâtre, danse, histoire de l'art, photographie et bien plus...

WWW.ARTFIFA.COM

DÉVOILEMENT DE LA PROGRAMMATION LE 23 FÉVRIER 2012

liberté
Revue littéraire de création et de critique
Fondée en 1959 par Jean-Guy Pilon.

COMITÉ DE RÉDACTION
Evelyne de la Chenelière, Philippe Gendreau (directeur administratif), Olivier Kemeid, Pierre Lefebvre (rédacteur en chef), Robert Richard, Jean-Philippe Warren

COORDONNATEUR ADMINISTRATIF
Ivan Carel

CONSEIL D'ADMINISTRATION
Pierre Lefebvre, président
Robert Richard, vice-président
Philippe Gendreau, secrétaire / trésorier

COUVERTURE Alexandra Bachand
CONCEPTION DE LA MAQUETTE Élise Cropsal
MISE EN PAGES TypoLab
IMPRESSION AGMV Marquis inc.

Toute correspondance concernant la rédaction doit être adressée à :
Liberté, 4067, boul. Saint-Laurent, suite 304, Montréal (Qc) H2W 1Y7
TÉLÉPHONE 514 598-8457 / info@revueliberte.ca / www.revueliberte.ca

La revue n'est pas responsable des manuscrits qui lui sont adressés et laisse à ses collaborateurs la responsabilité entière de leurs textes.

Reproduction interdite à moins d'autorisation.

NUMÉROS THÉMATIQUES RÉCENTS

Pour se procurer d'anciens numéros, s'adresser à la rédaction. Le catalogue *Liberté 1959–1999* est disponible sur demande.

PROCHAIN NUMÉRO

FORMULAIRE D'ABONNEMENT

UN AN — QUATRE NUMÉROS
Tarifs au Canada (taxes incluses)   **Tarif à l'étranger**
☐ Étudiant* / 30 $ ☐ Individu et institution / 65 $
☐ Individu / 40 $
☐ Institution / 55 $
☐ Abt de soutien / 70 $ et +
* Joindre une photocopie de la carte étudiante.

Nom et prénom ....

Adresse ....

Ville .... Province ....

Code postal .... Pays ....

Téléphone ....

Courriel ....

☐ Chèque ou mandat-poste à l'ordre de SODEP (Liberté)
   en devise canadienne uniquement
☐ Visa   ☐ Mastercard

N° de carte .... Expiration ....

Signature ....

Retourner ce bulletin à l'adresse suivante :
SODEP (Liberté)
C. P. 160 succursale Place d'Armes
Montréal (Québec) H2Y 3E9
TÉLÉPHONE : 514 397-8670
TÉLÉCOPIEUR : 514 397-6887
abonnement@sodep.qc.ca / www.sodep.qc.ca

AVIS PUBLIC

LES COLLECTIONS DE PLUSIEURS REVUES CULTURELLES QUÉBÉCOISES SERONT BIENTÔT OFFERTES EN VERSION NUMÉRIQUE.

DANS LE CADRE D'UN VASTE PROJET DE VALORISATION DES PUBLICATIONS QUÉBÉCOISES, LA SOCIÉTÉ DE DÉVELOPPEMENT DES PÉRIODIQUES CULTURELS QUÉBÉCOIS (SODEP) A PROCÉDÉ À LA NUMÉRISATION RÉTROSPECTIVE DE PLUSIEURS REVUES MEMBRES. LES COLLECTIONS NUMÉRISÉES SERONT ACCESSIBLES, LIBREMENT ET GRATUITEMENT, SUR LA PLATEFORME ÉRUDIT (WWW.ERUDIT.ORG). VOICI LA LISTE DES REVUES NUMÉRISÉES :

24 images, 1979-2009
Biscuit chinois, 2006-2009
Brèves littéraires, 1990-2009
Cahiers littéraires Contre-jour, 2003-2009
Cap-aux-Diamants, 1985-2009
Ciel variable, 1986-2009
Ciné-Bulles, 1982-2009
Circuit, 1990-1998 et 2001-2006
Continuité, 1982-2009
Entre les lignes, 2004-2009
Espace, 1987-2009
ETC, 1987-2009
Histoire Québec, 1995-2009
Inter, 1978-2009
Jeu, Revue de théâtre, 1976-2009
L'Annuaire théâtral, 1985-2008
Lettres québécoises, 1976-2009
Liaison, 1978-2009
Liberté, 1959-2009
Lurelu, 1978-2009
Mœbius, 1977-2009
Nuit blanche, 1982-2009
Québec français, 1974-2009
Séquences, 1955-2009
Spirale, 2002-2009
Vie des Arts, 1956-2009
XYZ. La revue de la nouvelle, 1985-2009

Tout titulaire de droits (auteur d'articles, photographe, illustrateur, etc.) sur une œuvre publiée dans une ou plusieurs des revues énumérées ci-contre, qui ne souhaite pas voir son œuvre diffusée sur le site Érudit, peut adresser une demande écrite conjointement à la SODEP et à l'éditeur pour que son œuvre soit retirée.

Fondée en 1978, la Société de développement des périodiques culturels québécois (www.sodep.qc.ca) est un organisme à but non lucratif, constitué juridiquement depuis 1980. Elle est la doyenne mondiale des associations vouées à la défense et à la promotion des revues culturelles.

Société à but non lucratif, Érudit (www.erudit.org) est un consortium interuniversitaire composé de l'Université de Montréal, de l'Université Laval et de l'Université du Québec à Montréal.

Ce projet a été rendu possible grâce au soutien financier du gouvernement du Canada, par l'entremise du Fonds du Canada pour les magazines du ministère du Patrimoine canadien.

sodep
Société de développement
des périodiques
culturels québécois

Patrimoine canadien   Canadian Heritage   Canada

érudit
www.erudit.org